Láska:
Naplnenie zákona

Láska:
Naplnenie zákona

Dr. Jaerock Lee

Láska: Naplnenie zákona by Dr. Jaerock Lee
Vydavateľstvo Urim Books (Prezident: Johnny H. kim)
73, Yeouidaebang-ro 22-gil, Dongjak-gu, Seoul, Korea
www.urimbooks.com

Všetky práva vyhradené. Táto kniha alebo jej časti nesmú byť reprodukované v žiadnej podobe, uložené vo vyhľadávacom systéme alebo prenášané v akejkoľvek forme alebo akýmikoľvek prostriedkami, elektronicky, mechanicky, fotokópiami, záznamom alebo inak bez predchádzajúceho písomného súhlasu vydavateľa.

Copyright @2015 by Dr. Jaerock Lee
ISBN: 979-11-263-0802-6 03230
Translation Copyright@2014 by Dr. Esther K. Chung. Použité so súhlasom.

Prvé vydanie August 2021

Pôvodne vydané v roku 2009 v kórejskom jazyku vydavateľstvom Urim Books v Soule v Kórei.

Editoval: Dr. Geumsun Vin
Navrhol: Editorial Bureau of Urim Books
Vytlačil: Yewon Printing Company
Pre viac informácií kontaktujte: urimbook@hotmail.com

*„Láska nerobí zle blížnemu;
teda naplnením zákona je láska."*

Rim 13, 10

Predslov

Dúfam, že čitatelia dosiahnu Nový Jeruzalem skrze duchovnú lásku

Reklamná spoločnosť vo Veľkej Británii sa pýtala verejnosti na najrýchlejší spôsob dopravy z Edinburgu v Škótsku do Londýna v Anglicku. Osoba, ktorej odpoveď by bola vybraná, mala dostať veľkú odmenu. Odpoveď, ktorá bola nakoniec vybraná, bola „cestovať s milovanou osobou". Vieme, že ak cestujeme v spoločnosti našich milovaných, aj dlhé vzdialenosti budú vyzerať krátke. A rovnako, ak milujeme Boha, nie je pre nás ťažké dodržiavať Jeho Slovo (1 Jn 5, 3). Boh nám nedal zákon a neprikázal nám dodržiavať Jeho prikázania, aby nám spôsoboval ťažkosti.

Slovo „zákon" pochádza z hebrejského slova „torah", ktoré znamená „prikázania" a „lekcia". Torah zvyčajne odkazuje na Pentateuch, ktorý zahŕňa Desatoro prikázaní. Ale „zákon" tiež odkazuje na 66 kníh Biblie ako celok alebo len na Božie prikázania, ktoré nám hovoria určité veci konať, nekonať, zachovávať alebo odhodiť. Ľudia si môžu myslieť, že zákon a láska nie sú vzájomne prepojené, ale v skutočnosti nemôžu byť oddelené. Láska patrí Bohu a bez lásky k Bohu nedokážeme úplne dodržiavať zákon. Zákon sa naplní len vtedy, keď všetko konáme s láskou.

Pozrime sa na príbeh, ktorý nám ukazuje silu lásky. Mladý muž havaroval, keď v malom lietadle letel ponad púšť. Jeho otec bol veľmi bohatý, a tak si najal záchranný tím, aby našiel jeho syna, ale bolo to márne. A tak po púšti rozposlal milióny letákov. Na letáku bolo napísané: „Milujem ťa, syn môj." Syn, ktorý blúdil púšťou, našiel tento leták a získal odvahu, vďaka ktorej sa mu podarilo byť nakoniec zachránený. Otcova pravá láska zachránila jeho syna. Rovnako ako otec šíril letáky po celej púšti, aj my máme povinnosť šíriť Božiu lásku k nespočetným dušiam.

Boh ukázal Jeho lásku tým, že poslal Jeho jednorodeného Syna Ježiša na túto zem, aby zachránil ľudí, ktorí boli hriešnikmi. Ale zákonníci sa v Ježišovej dobe zameriavali iba na formálne požiadavky zákona a nechápali pravú Božiu lásku. Nakoniec odsúdili jednorodeného Božieho Syna Ježiša za rúhača, ktorý porušil zákon a ukrižovali Ho. Nechápali Božiu lásku vloženú v zákone.

V 1 Kor 13 je dobre opísaný príklad „duchovnej lásky". Hovorí nám o láske Boha, ktorý poslal Jeho jednorodeného Syna, aby zachránil nás, ktorí sme v dôsledku hriechu kráčali cestou smrti, a o Pánovej láske, ktorý nás tak veľmi miloval, že zanechal všetku Jeho nebeskú slávu a zomrel na kríži. Ak aj my chceme priniesť Božiu lásku mnohým umierajúcim dušiam na tomto svete, musíme pochopiť túto duchovnú lásku a podľa nej žiť.

„Nové prikázanie vám dávam, aby ste sa milovali navzájom. Aby ste sa aj vy vzájomne milovali, ako som ja miloval vás. Podľa toho spoznajú všetci, že ste moji učeníci, ak sa budete navzájom milovať" (Jn 13, 34-35).

Táto kniha bola vydaná preto, aby čitatelia mohli zistiť, do akej miery kultivovali duchovnú lásku, a do akej miery sa premenili s pravdou. Ďakujem Geumsunovi Vinovi, riaditeľovi redakcie a jej zamestnancom a dúfam, že všetci čitatelia naplnia zákon s láskou, a nakoniec dosiahnu Nový Jeruzalem, ktorý je najkrajším nebeským príbytkom.

Jaerock Lee

Úvod

Dúfam, že sa čitatelia premenia skrze Božiu pravdu kultivovaním dokonalej lásky

Televízna stanica robila anketu o vydatých ženách. Otázkou bolo, či by sa znova vydali za toho istého muža, keby si mohli znovu vybrať manžela. Výsledok bol šokujúci. Iba 4% žien si chceli zobrať toho istého manžela. Určite si vzali svojich manželov, pretože ich milovali, tak prečo zmenili názor? Je to preto, že ich nemilovali duchovnou láskou. Táto kniha Láska: Naplnenie zákona nás naučí o tejto duchovnej láske.

Prvá časť, „Význam lásky," nahliada do rôznych podôb lásky, ktoré sú medzi mužom a ženou, rodičmi a deťmi a medzi priateľmi a blízkymi, čím nám predstavuje rozdiely medzi telesnou láskou a duchovnou láskou. Duchovná láska je milovať iného človeka s nemenným srdcom a nežiadať nič na oplátku. Naopak, telesná láska sa mení v rôznych situáciách a podľa okolností, a preto je duchovná láska vzácna a krásna.

Druhá časť, „Láska v kapitole o láske," rozdeľuje kapitolu 1 Kor 13 do troch častí. Prvá časť, „Druh lásky, po akej túži Boh" (1 Kor 13, 1-3), je úvodom do kapitoly, ktorá kladie dôraz na význam duchovnej lásky. Druhá časť, „Vlastnosti lásky" (1 Kor 13, 4-7), je hlavnou časťou kapitoly o láske a hovorí nám o 15 vlastnostiach duchovnej lásky. Tretia časť, „Dokonalá láska", je záverom kapitoly o láske, ktorá nám hovorí, že viera a nádej sú dočasne potrebné pri našom pochode smerom k nebeskému kráľovstvu počas nášho života na tejto zemi, zatiaľ čo láska trvá večne, dokonca aj v nebeskom kráľovstve.

Tretia časť, „Láska je naplnením zákona", vysvetľuje, čo znamená naplniť zákon s láskou. Tiež vysvetľuje lásku Boha, ktorý kultivuje nás, ľudí, na tejto zemi a Kristovu lásku, ktorý nám otvoril cestu spásy.

„Kapitola lásky" je len jedna kapitola spomedzi 1 189 kapitol v Biblii. Ale je to ako mapa pokladu, ktorá nám ukazuje, kde nájdeme veľké množstvo pokladu, pretože nás podrobne učí ceste do Nového Jeruzalema. Aj keď máme mapu a poznáme cestu, sú zbytočné, ak v skutočnosti touto cestou nekráčame. Konkrétne, je to zbytočné, ak nekonáme s duchovnou láskou.

Boha potešuje duchovná láska a my môžeme mať túto duchovnú lásku do tej miery, do akej počúvame a nasledujeme Božie slovo, ktoré je Pravda. Akonáhle budeme mať duchovnú lásku, môžeme dostať Božiu lásku a požehnanie, a nakoniec vstúpiť do Nového Jeruzalema, najkrajšieho príbytku v nebi. Láska je konečným cieľom Božieho stvorenia ľudí a ich kultivácie. Modlím sa, aby všetci čitatelia najprv milovali Boha a ich blížnych ako seba samých, a tak získali kľúče na otvorenie perlových brán Nového Jeruzalema.

Geumsun Vin
Prezident vydavateľstva

Obsah — *Láska: Naplnenie zákona*

Predslov · VII

Úvod · XI

Prvá časť Význam lásky

   Kapitola 1 Duchovná láska · 2

   Kapitola 2 Telesná láska · 10

Druhá časť Láska v kapitole o láske

   Kapitola 1 Druh lásky, po akej túži Boh · 24

   Kapitola 2 Vlastnosti lásky · 40

   Kapitola 3 Dokonalá láska · 158

Tretia časť Láska je naplnením zákona

   Kapitola 1 Božia láska · 170

   Kapitola 2 Kristova láska · 180

„Ak milujete tých, ktorí vás milujú, akúže máte zásluhu? Veď aj hriešnici milujú tých, čo ich milujú."

Lk 6, 32

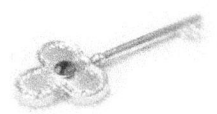

Prvá časť
Význam lásky

Kapitola 1 : **Duchovná láska**

Kapitola 2 : **Telesná láska**

Kapitola 1 — Duchovná láska

Duchovná láska

„Milovaní, milujme sa navzájom, lebo láska je z Boha a každý, kto miluje, narodil sa z Boha a pozná Boha. Kto nemiluje, nepoznal Boha, lebo Boh je láska."
(1 Jn 4, 7-8)

Už len pri počutí slova „láska" sa nám rozbúši srdce a zachvie myseľ. Ak by sme milovali niekoho a celý život sa s ním delili o pravú lásku, bol by to život, ktorý je naplnený maximálnou mierou šťastia. Občas počujeme o ľuďoch, ktorí prekonali situácie ako samotná smrť, a pomocou lásky premenili ich životy na krásne. Bez lásky je šťastný život nemožný; má veľkú moc meniť naše životy.

Slovník Merriam-Webster Online Dictionary definuje lásku ako „silnú náklonnosť k inému človeku vyplývajúcu z pokrvného príbuzenstva alebo osobných pút" alebo „náklonnosť založenú na obdive, zhovievavosti alebo spoločných záujmoch." Ale druh lásky, o akej hovorí Boh, je láska, ktorá je na vyššej úrovni, a je ňou duchovná láska. Duchovná láska sa snaží o výhody pre druhých, dáva im radosť, nádej a život a nikdy sa nemení. Navyše, nie je pre nás prínosom len počas tohto dočasného pozemského života, ale vedie naše duše k spáse a dáva nám večný život.

Príbeh ženy, ktorá priviedla manžela do kostola

Bola raz žena, ktorá bola veriacou kresťankou. Ale jej manželovi sa nepáčilo, že chodila do kostola a spôsoboval jej ťažkosti. Aj napriek tomuto utrpeniu chodila na ranné modlitebné stretnutia každý deň a modlila sa za svojho manžela. Jedného dňa prišla na rannú modlitbu, nesúc topánky jej manžela. Držala ich pritlačené na hrudi a modlila sa so slzami: „Bože, dnes prišli do kostola iba tieto topánky, ale daj, aby nabudúce prišiel aj majiteľ týchto topánok."

Po nejakej dobe sa stalo niečo úžasné. Manžel prišiel do kostola. Príbeh pokračoval nasledovne: Od určitej doby, keď manžel odchádzal do práce, cítil v topánkach teplo. Jedného dňa videl jeho ženu ísť niekam s jeho topánkami a nasledoval ju. Išla do kostola.

Bol nahnevaný, ale nemohol prekonať svoju zvedavosť. Chcel zistiť, čo robila v kostole s jeho topánkami. Keď potichu vošiel do kostola, videl, ako sa jeho žena modlila s jeho topánkami pritisnutými pevne na hrudi. Začul modlitbu a každé slovo modlitby bolo pre jeho blaho a požehnanie. Dotklo sa to jeho srdca a nemohol sa ubrániť pocitu ľútosti za jeho správanie voči manželke. Nakoniec manželom pohla láska jeho ženy a stal sa oddaným kresťanom.

Väčšina žien ma v takejto situácii zvyčajne prosí o modlitbu za nich, hovoriac: „Môj manžel mi spôsobuje ťažkosti len preto, že chodím do kostola. Prosím vás, modlite sa za mňa, aby ma môj manžel prestal prenasledovať." Ale potom im odpoviem: „Rýchlo sa posväť a staň sa duchovným človekom. To je spôsob, ako vyriešiť tvoj problém." Budú manželom dávať viac duchovnej lásky do tej miery, že odhodia hriechy a stanú sa duchovným človekom. Aký manžel by dokázal spôsobovať ťažkosti manželke, ktorá sa za neho obetuje a slúži mu z celého srdca?

V minulosti by žena hádzala všetku vinu na manžela, ale teraz, keď sa premenila v pravde, priznáva, že je to ona, kto je vinníkom a musí sa pokoriť. Potom duchovné svetlo zaženie temnotu, a aj manžel sa môže zmeniť. Kto by sa modlil za človeka, ktorý mu spôsobuje ťažkosti? Kto by sa obetoval pre opustených blížnych a preukázal im pravú lásku? Božie deti, ktoré sa naučili pravej láske od Pána, dokážu ponúknuť ostatným takúto lásku.

Nemenná láska a priateľstvo medzi Dávidom a Jonatánom

Jonatán bol synom Šaula, prvého kráľa Izraela. Keď videl, ako Dávid prakom a kameňom premohol šampióna Filištíncov, Goliáša, vedel, že Dávid bol bojovník, na ktorom spočíval Boží duch. Keďže sám bol generálom armády, Dávidova odvaha sa dotkla Jonatánovho srdca. Od tej doby Jonatán miloval Dávida ako seba samého a začali spolu budovať veľmi silné puto priateľstva. Jonatán tak veľmi miloval Dávida, že ničím nešetril, ak to bolo pre Dávida.

„A keď dokončil svoj rozhovor so Šaulom, Jonatánova duša sa privinula k Dávidovej duši a Jonatán ho miloval ako seba samého. V ten deň ho Šaul pojal sebou a nedovolil mu vrátiť sa do domu jeho otca. Jonatán uzavrel s Dávidom zmluvu, lebo ho miloval ako seba samého. I vyzliekol si Jonatán plášť, ktorý mal na sebe, a dal ho Dávidovi; aj svoj výstroj, aj svoj meč, aj svoju kušu, aj svoj opasok" (1 Sam 18, 1-4).

Jonatán bol dedičom trónu, pretože bol prvým synom kráľa Šaula a mohol ľahko Dávida nenávidieť, pretože Dávid bol ľuďmi veľmi milovaný. Ale on po titule kráľa netúžil. Keď sa Šaul snažil kvôli trónu zabiť Dávida, Jonatán riskoval vlastný život, aby

Dávida zachránil. Taká láska sa až do jeho smrti nezmenila. Keď Jonatán zomrel v bitke pri Gilboe, Dávid smútil a plakal a postil sa až do večera.

„Krušno mi pre teba, brat môj Jonatán, veľmi si mi bol milý. Tvoja láska bývala mi vzácnejšia ako láska žien. (Ako matka jedináčka miluje, tak som ja miloval teba)" (2 Sam 1, 26).

Potom, čo sa Dávid stal kráľom, našiel Mefibóšeta, jediného syna Jonatána, vrátil mu všetok Šaulov majetok a staral sa o neho v paláci ako o vlastného syna (2 Sam 9). Týmto spôsobom je duchovná láska celý život nemenným srdcom milovať iného človeka, a to aj v prípade, že mu to neprinesie výhody, ale spôsobuje tým utrpenie sebe samému. Byť milí, dúfajúc, že dostaneme niečo na oplátku, nie je pravá láska. Duchovná láska je obetovať seba samého a s čistým a pravým motívom nezištne dávať druhým.

Nemenná láska Boha a Pána k nám

Väčšina ľudí má v dôsledku telesnej lásky zlomené srdce. Ak pociťujeme bolesť a máme pocit osamelosti v dôsledku lásky, ktorá sa ľahko mení, je tu niekto, kto nás utešuje a stáva sa naším priateľom. Je to Pán. Bol ľuďmi opustený a odvrhnutý, aj keď bol nevinný (Iz 53, 3), takže našim srdciam rozumie veľmi dobre. On zanechal Jeho nebeskú slávu a zostúpil na túto zem, aby kráčal cestou utrpenia. Týmto sa stal naším pravým utešiteľom a priateľom. Až do Jeho smrti na kríži nám preukazoval pravú lásku.

Predtým, ako som začal veriť, trpel som mnohými chorobami a zažil som bolesť a osamelosť spôsobené chudobou. V dôsledku chorôb trvajúcich dlhých sedem rokov bolo všetko, čo som mal, iba choré telo, neustále rastúci dlh, pohŕdanie ľuďmi, osamelosť a zúfalstvo. Opustili ma všetci tí, ktorým som dôveroval, a ktorých som miloval. Ale niekto ku mne prišiel, keď som mal pocit, že som v celom vesmíre sám. Bol to Boh. Keď som stretol Boha, bol som ihneď uzdravený zo všetkých chorôb a začal som žiť nový život.

Láska, ktorú mi dal Boh, bola nezištným darom. Nemiloval som Ho ako prvý. On prišiel ku mne ako prvý a natiahol Jeho ruky ku mne. Keď som začal čítať Bibliu, počul som vyznanie Božej lásky ku mne.

„Či zabudne žena na svoje nemluvňa a nemá zľutovania nad plodom svojho lona? I keby ona zabudla, ja nezabudnem na teba. Hľa, do dlaní som si ťa vryl, tvoje múry sú vždy predo mnou" (Iz 49, 15-16).

„A Božia láska k nám sa prejavila v tom, že Boh poslal svojho jednorodeného Syna na svet, aby sme skrze neho mali život. Láska je v tom, že nie my sme milovali Boha, ale že on miloval nás a poslal svojho Syna ako zmiernu obetu za naše hriechy" (1 Jn 4, 9-10).

Boh ma neopustil ani vtedy, keď som sa topil v mojom utrpení potom, čo ma všetci opustili. Keď som zacítil Jeho lásku, nedokázal som zastaviť slzy. V dôsledku bolestí, ktorými som trpel, som cítil, že Božia láska je pravdivá. Stal som sa pastorom, služobníkom Boha, aby som potešil srdcia mnohých duší a splatil Božiu milosť, ktorú som dostal.

Boh je láska sama. On poslal Jeho jednorodeného Syna Ježiša na túto zem kvôli nám, ktorí sme hriešnici. A čaká na náš príchod do nebeského kráľovstva, kde stvoril mnoho krásnych a vzácnych vecí. Ak aspoň trochu otvoríme naše srdce, môžeme zacítiť nežnú a prekypujúcu Božiu lásku.

„Veď to, čo je v ňom neviditeľné,-jeho večnú moc a božstvo – možno od stvorenia sveta rozumom poznávať zo stvorených vecí; takže nemajú výhovorky" (Rim 1, 20).

Prečo sa nezamyslíte nad krásnou prírodou? Modrá obloha, čisté more a všetky stromy a rastliny sú veci, ktoré Boh stvoril pre nás, aby sme mali počas života na tejto zemi nádej na nebeské kráľovstvo, až kým tam nevojdeme.

Z vĺn, ktoré sa dotýkajú morského pobrežia; z hviezd, ktoré sa jagajú, ako keby tancovali; z hlasistosti veľkých vodopádov a z vánku, ktorý nás ovieva, môžeme cítiť Boží dych, ktorý nám hovorí: „Milujem ťa." Pretože sme boli vybraní ako deti tohto milujúceho Boha, aký druh lásky by sme mali mať? Musíme mať večnú a pravú lásku a nie nezmyselnú lásku, ktorá sa zmení, keď pre nás situácia nie je výhodná.

Telesná láska

"Ak milujete tých, ktorí vás milujú, akúže máte zásluhu? Veď aj hriešnici milujú tých, čo ich milujú."
Lk 6, 32

Pred veľkým davom stojí muž s tvárou obrátenou ku Galilejskému moru. Modré vlnky mora za Ním vyzerajú, ako keby tancovali v jemnom vánku. Všetci ľudia zmĺkli, aby počuli Jeho slová. Davu ľudí, ktorí posedávali tu a tam na malom kopci, hovoril jemným, ale odhodlaným tónom, aby sa stali svetlom a soľou sveta, a aby milovali aj svojich nepriateľov.

„Lebo ak milujete tých, ktorí vás milujú, akú odmenu môžete čakať? Vari to nerobia aj mýtnici? A ak pozdravujete iba svojich bratov, čo zvláštne robíte? Nerobia to aj pohania?" (Mt 5, 46-47)

Ako povedal Ježiš, neveriaci, a dokonca aj tí, ktorí sú zlí, môžu prejaviť lásku ľuďom, ktorí sú k nim milí, a tým, ktorí sú pre nich výhodní. Je tu tiež falošná láska, ktorá navonok vyzerá dobre, ale vo vnútri nie je pravdivá. Je to telesná láska, ktorá sa po určitej dobe mení, a aj v dôsledku tých najmenších vecí sa rozpadne a vytratí.

Telesná láska sa môže s odstupom času kedykoľvek zmeniť. Ak sa zmení situácia alebo sa zmenia podmienky, telesná láska sa môže zmeniť. Ľudia majú tendenciu meniť postoje podľa toho, aký prospech alebo výhody z toho získajú. Ľudia dávajú ostatným len vtedy, ak najprv niečo dostanú alebo dávajú len v prípade, že je dávanie pre nich výhodné. Ak dávame a chceme za to to isté späť, alebo ak sa cítime sklamaní, keď nám iní za to nič nedajú, aj to je preto, že máme telesnú lásku.

Láska medzi rodičmi a deťmi

Láska rodičov, ktorí neustále deťom dávajú, pohne srdciami mnohých ľudí. Rodičia nehovoria, že bolo ťažké sa zo všetkých síl starať o ich deti, pretože ich milujú. Zvyčajne je túžbou rodičov dať deťom dobré veci, aj keď to znamená, že oni sami nemajú dobré jedlo alebo nenosia dobré oblečenie. Ale aj v kútiku srdca rodičov, ktorí milujú svoje deti, je miesto, kde hľadajú vlastné výhody.

Ak skutočne svoje deti milujú, mali by byť schopní dať za nich aj svoje životy bez toho, aby za to niečo žiadali späť. Ale v skutočnosti existuje veľa rodičov, ktorí vychovávajú svoje deti pre vlastné výhody a česť. Hovoria: „Hovorím ti to pre tvoje vlastné dobro," ale v skutočnosti sa snažia ovládať svoje deti tak, aby naplnili ich túžby po sláve alebo pre ich finančné výhody. Keď si deti vyberú budúcu kariéru alebo sa vydajú, a ak si vyberú kariéru alebo partnera, s ktorými rodičia nesúhlasia, postavia sa proti tomu a sú sklamaní. To dokazuje, že ich oddanosť a obeta pre deti boli predsa len podmienečné. Cez deti sa snažia dostať to, čo chcú, na oplátku za poskytnutú lásku.

Láska detí je zvyčajne oveľa menšia ako láska rodičov. Kórejské príslovie hovorí: „Ak rodičia trpia dlhú dobu chorobou, všetky deti svojich rodičov opustia." Ak sú rodičia chorí a starí, a ak nie je šanca na vyliečenie a deti sa musia o ne starať, čoraz ťažšie sa dokážu vysporiadať so situáciou. Keď sú deti malé, hovoria takto: „Nevydám sa a zostanem žiť s vami." Skutočne sú presvedčené, že po zvyšok ich života chcú žiť s rodičmi. Ale s dospievaním sa čoraz menej o rodičov zaujímajú, pretože majú plné ruky práce so zarábaním na živobytie. Srdcia ľudí sú v tejto dobe také necitlivé k hriechom a zlo je také rozšírené, že rodičia dokážu vziať život deťom alebo deti rodičom.

Láska medzi manželmi

A čo láska medzi manželmi? Keď randia, hovoria si všetky sladké slová ako: „Nemôžem bez teba žiť. Naveky ťa budem milovať." Ale čo sa stane po svadbe? Navzájom sa neznášajú a hovoria: „Kvôli tebe nemôžem žiť svoj život tak, ako chcem. Podviedol si ma."

Kedysi si navzájom vyznávali lásku, ale po svadbe sa často zmieňujú o odlúčení alebo rozvode, len preto, že si myslia, že pochádzajú z rozdielneho rodinného zázemia, majú rozdielne vzdelanie alebo vlastnosti. Ak manžel nie je spokojný s jedlom, sťažuje sa na manželku: „Čo si to navarila? Nedá sa to jesť!" A ak manžel nezarába dosť peňazí, manželka mu hovorí veci ako: „Kamarátkin manžel bol povýšený na riaditeľa a manžel inej kamarátky na výkonného riaditeľa... Kedy budeš povýšený ty... a ďalšia kamarátka si kúpila väčší dom a nové auto, ale čo my? Kedy budeme mať lepšie veci my?"

Zo štatistík domáceho násilia v Kórei sa dozvedáme, že takmer polovica zo všetkých manželských párov používa voči partnerovi násilie. Mnoho manželských párov stráca lásku, ktorá bola medzi nimi, a teraz sa nenávidia a hádajú. V dnešnej dobe sú dokonca páry, ktoré sa rozídu už na svadobnej ceste! Skracuje sa aj priemerná dĺžka doby medzi svadbou a rozvodom. Mysleli si, že svojho partnera veľmi milujú, ale pri vzájomnom spolužití na sebe navzájom vidia negatívne vlastnosti. Pretože ich spôsoby myslenia a vkus sa líšia, neustále narážajú na rôzne veci. Ako výsledok vychladnú všetky ich pocity, ktoré považovali za lásku.

Aj keď nemajú medzi sebou žiadne viditeľné problémy, zvyknú si na seba a postupom času ochladne pocit prvej lásky. Potom sa začnú obzerať za inými mužmi a ženami. Manžel je sklamaný jeho ženou, ktorá ráno vyzerá neupravene, a keď starne a priberá, má pocit, že už nie je očarujúca. Láska sa plynutím času musí prehlbovať, ale vo väčšine prípadov to tak nie je. Koniec koncov, zmeny v nich dokazujú skutočnosť, že táto láska bola telesná láska, ktorá hľadá vlastné výhody.

Láska medzi bratmi

Súrodenci, ktorí sa narodili rovnakým rodičom a vyrastali spolu, by mať k sebe bližšie ako k ostatným ľuďom. V mnohých veciach sa na seba môžu spoľahnúť, pretože sa o mnoho vecí delili a ich vzájomná láska rástla. Ale niektorí súrodenci medzi sebou súperia a žiarlia na seba.

Prvorodené dieťa môže mať pocit, že láska rodičov, ktorá mala patriť jemu, je dávaná mladším súrodencom. Druhé dieťa sa môže cítiť neisto, pretože má pocit, že je voči staršiemu bratovi alebo sestre menejcenné. Tí súrodenci, ktorí majú starších aj mladších súrodencov, možu mať voči starším súrodencom pocit menejcennosti a voči mladším súrodencom pocit príťaže. Môžu mať tiež pocit, že sú obeťou, pretože nedokážu získať žiadnu pozornosť svojich rodičov. Ak súrodenci nevyriešia tieto pocity, je pravdepodobné, že budú mať s bratmi a sestrami nepriaznivé vzťahy.

Aj prvá vražda v histórii ľudstva sa stala medzi bratmi. Spôsobila ju Kainova žiarlivosť na Božie požehnanie mladšieho brata Ábela. Od tej doby dochádzalo počas celej histórie ľudstva medzi bratmi a sestrami k neustálym bojom a hádkam. Jozef bol nenávidený jeho bratmi, ktorí ho predali ako otroka do Egypta. Dávidov syn Absolón nechal zabiť svojho vlastného brata Amóna jedným z jeho mužov. V dnešnej dobe sa mnoho bratov a sestier háda pre peniaze zdedené po ich rodičoch. Stávajú sa z nich nepriatelia.

Aj keď to nie je také vážne ako vo vyššie uvedených prípadoch, keď sa vydajú či oženia a založia si vlastnú rodinu, nie sú schopní venovať toľko pozornosti svojim súrodencom ako predtým. Narodil som sa ako posledný zo šiestich bratov a sestier. Staršími bratmi a sestrami som bol veľmi milovaný, ale keď som v dôsledku rôznych chorôb sedem dlhých rokov ležal na nemocenskom lôžku, situácia sa zmenila. Stával som sa pre nich čoraz ťažším bremenom. Snažili sa do určitej miery vyliečiť moje choroby, ale keď sa zdalo, že je to beznádejné, začali sa ku mne otáčať chrbtom.

Láska medzi susedmi

Kórejci majú výraz znamenajúci „susediaci bratranci". To

znamená, že naši susedia sú nám takí blízki ako naši rodinní príslušníci. Keď v minulosti väčšina ľudí farmárčila, susedia boli veľmi vzácne bytosti, ktoré si navzájom pomáhali. Ale tento výraz sa stáva čoraz viac nepravdivejším. V dnešnej dobe ľudia zatvárajú a zamykajú svoje dvere aj pred susedmi. Dokonca používame zložité bezpečnostné systémy. Ľudia nevedia ani to, kto býva vo vedľajšom dome.

Nestarajú sa o druhých a nemajú v úmysle zistiť, kto sú ich susedia. Starajú sa len o seba a sú pre nich dôležití len ich najbližší rodinní príslušníci. Neveria nikomu. A ak majú pocit, že im susedia spôsobujú akékoľvek nepríjemnosti, škody alebo ublíženia na zdraví, neváhajú ich ignorovať alebo sa s nimi priečiť. V dnešnej dobe je mnoho susedov, ktorí sa navzájom súdia pre bezvýznamné veci. Dokonca došlo k prípadu, kedy človek dobodal svojho suseda žijúceho v byte nad ním kvôli hluku, ktorý spôsoboval.

Láska medzi priateľmi

Ako je to s láskou medzi priateľmi? Možno si myslíte, že určitý priateľ bude vždy na vašej strane. Ale aj niekto, koho považujete za dobrého priateľa, vás môže zradiť a zlomiť vám srdce.

V niektorých prípadoch môže človek požiadať priateľov, aby mu požičali značné množstvo peňazí alebo sa stali jeho ručiteľmi, pretože mu hrozí bankrot. Ak priatelia odmietnu, hovorí, že bol zradený a už ich nechce nikdy vidieť. Ale kto tu koná nesprávne?

Ak skutočne svojho priateľa milujete, nedokážete mu spôsobiť žiadnu bolesť. Ak vám hrozí bankrot, a ak sa vaši priatelia stanú vašimi ručiteľmi, je isté, že vaši priatelia a ich rodinní príslušníci môžu trpieť spolu s vami. Je láskou spôsobiť vašim priateľom takýto risk? Nie je to láska. Ale dnes sa takéto veci stávajú pomerne často. Navyše, Božie slovo nám zakazuje požičiavať peňazie, dávať záruky alebo sa stať niekomu ručiteľom. Ak neposlúchneme takéto Božie slovo, vo väčšine prípadoch sa uskutoční satanovo dielo a všetci tí, ktorí boli do toho zapletení, utrpia škodu.

„Syn môj, ak si sa zaručil za svojho blížneho a dal si ruku za cudzieho (človeka), padol si do klepca slov svojich úst, lapil si sa v slovách svojich úst" (Prís 6, 1-2).

„Nepatri k tým, čo tlieskajú (ihneď do dlaní na znak) záruky, k tým, čo sa zaručujú za dlhy" (Prís 22, 26).

Niektorí ľudia si myslia, že je múdre priateliť sa ľuďmi, od ktorých môžu niečo získať. Je pravda, že dnes je veľmi ťažké nájsť človeka, ktorý ochotne a s pravou láskou obetuje čas, úsilie a peniaze pre svojich susedov alebo priateľov.

Kedysi som mal veľa priateľov. Predtým, než som sa stal veriacim, považoval som vernosť medzi priateľmi za takú vzácnu ako môj život. Myslel som si, že naše priateľstvo bude trvať naveky. Ale keď som bol už dlhú dobu pripútaný na nemocenské lôžko, dôkladne som si uvedomil, že táto láska medzi priateľmi sa tiež mení v závislosti od ich vlastných výhod.

Spočiatku sa moji priatelia pokúšali nájsť dobrých lekárov alebo dobrých ľudových liečiteľov a vziať ma k nim, ale keď sa môj stav vôbec nemenil, jeden po druhom ma opustili. Jediní priatelia, ktorých som neskôr mal, boli moji kamaráti na pitie a hazardné hry. Dokonca ani títo priatelia ku mne neprišli preto, že ma milovali, ale len preto, že potrebovali miesto, kde by mohli chvíľu zostať. Aj v telesnej láske si navzájom hovoria, že sa milujú, ale čoskoro sa to zmení.

Aké úžasné by bolo, keby sa rodičia a deti, bratia a sestry, priatelia a susedia nesnažili hľadať vlastné výhody a nikdy nemenili svoj postoj! Ak by to tak bolo, znamenalo by to, že majú duchovnú lásku. Ale vo väčšine prípadoch nemajú túto duchovnú lásku a nedokážu v tom nájsť skutočné uspokojenie. Hľadajú lásku u rodinných príslušníkov a ľudí okolo nich. Ale týmto len zväčšujú ich smäd po láske, ako keby sa snažili uhasiť ich smäd morskou vodou.

Blaise Pascal povedal, že v srdci každého človeka je vákuum vytvorené Bohom, ktoré nemôže byť naplnené žiadnymi stvorenými vecami, ale len Bohom Stvoriteľom, o ktorom sme sa dozvedeli skrze Ježiša. Ak tento priestor nenaplní Božia láska, nedokážeme cítiť skutočné uspokojenie a trpíme pocitom nezmyselnosti. Znamená to teda, že na tomto svete neexistuje duchovná láska, ktorá sa nikdy nemení? Nie. Nie je to bežné, ale duchovná láska určite existuje. 1 Kor 13 nám o skutočnej láske jasne hovorí.

„Láska je trpezlivá, láska je dobrotivá; nezávidí, nevypína sa, nevystatuje sa, nie je nehanebná, nie je sebecká, nerozčuľuje sa, nemyslí na zlé, neteší sa z neprávosti, ale raduje sa z pravdy. Všetko znáša, všetko verí, všetko dúfa, všetko vydrží" (1 Kor 13, 4-7).

Boh nazýva tento druh lásky duchovnou a pravou láskou. Ak poznáme Božiu lásku a zmeníme sa s pravdou, môžeme mať duchovnú lásku. Dosiahnime duchovnú lásku, s ktorou sa môžeme navzájom milovať celým srdcom a nemenný postoj, aj keď to pre nás nie je výhodné, ale spôsobuje nám to utrpenie.

Ako overiť, či máme duchovnú lásku

Existujú ľudia, ktorí mylne veria, že milujú Boha. Za účelom overenia miery, do akej sme kultivovali pravú duchovnú lásku a lásku k Bohu, môžeme preskúmať naše pocity a skutky v čase testov, skúšok a ťažkostí. Môžeme zistiť, do akej miery sme kultivovali pravú lásku, overením, či sa skutočne radujeme a ďakujeme z hĺbky našich sŕdc, a či neustále nasledujeme Božiu vôľu.

Ak sa sťažujeme a nemáme radi určitú situáciu, a ak sa usilujeme o svetské metódy a spoliehame sa na ľudí, znamená to, že nemáme duchovnú lásku. To len dokazuje, že naše poznanie Boha je len poznanie v hlave, nie poznanie, ktoré sme vložili do našich sŕdc a kultivovali ho v nich. Rovnako ako falošná bankovka vyzerá ako skutočné peniaze, a pritom je to vlastne len kus papiera, láska, ktorá je známa len ako poznanie, nie je pravá láska. Je bezcenná. Ak sa naša láska k Pánovi nemení, a ak sa spoliehame na Boha v každej situácii, a v akomkoľvek utrpení, potom môžeme povedať, že sme kultivovali pravú lásku, ktorá je duchovnou láskou.

„A tak teraz ostáva viera, nádej, láska, tieto tri; no najväčšia z nich je láska."

1 Kor 13, 13

Časť 2

Láska v kapitole o láske

Kapitola 1 : Druh lásky, po akej túži Boh

Kapitola 2 : Vlastnosti lásky

Kapitola 3 : Dokonalá láska

Druh lásky, po akej túži Boh

„Keby som hovoril ľudskými jazykmi aj anjelskými, a lásky by som nemal, bol by som ako cvendžiaci kov a zuniaci cimbal. A keby som mal dar proroctva a poznal všetky tajomstvá a všetku vedu a keby som mal takú silnú vieru, že by som vrchy prenášal, a lásky by som nemal, ničím by som nebol. A keby som rozdal celý svoj majetok ako almužnu a keby som obetoval svoje telo, aby som bol slávny, a lásky by som nemal, nič by mi to neosožilo."

1 Kor 13, 1-3

Nasledujúci incident sa stal v sirotinci v Južnej Afrike. Deti začali jedno po druhom ochorievať a počet chorých detí sa zvyšoval. Ale v sirotinci nedokázali nájsť žiadnu príčinu ich ochorenia. Predstavení sirotinca zavolali niekoľko slávnych lekárov, aby deti diagnostikovali. Po dôkladnom vyšetrení lekári povedali: „Keď deti nespia, desať minút ich objímajte a vyjadrujte im lásku."

Na ich prekvapenie začali choroby bez príčiny miznúť. Bolo to preto, že teplo lásky bolo to, čo deti potrebovali viac ako čokoľvek iné. Aj keď nemáme starosti so životnými nákladmi a žijeme v hojnosti, bez lásky nemôžeme mať nádej na život alebo chuť žiť. Môžeme povedať, že láska je najdôležitejším faktorom v našom živote.

Dôležitosť duchovnej lásky

Trinásta kapitola v 1 Kor, ktorá sa nazýva kapitolou lásky, ako prvé zdôrazňuje dôležitosť lásky, a až potom duchovnú lásku podrobne vysvetľuje. Je to preto, že ak hovoríme jazykmi ľudskými i anjelskými, ale nemáme lásku, budeme ako cvendžiaci kov alebo zuniaci cimbal.

Výraz „ľudské jazyky" sa nevzťahuje na rozprávanie v jazykoch ako jeden z darov Ducha Svätého. Predstavuje všetky jazyky ľudí, ktorí žijú na Zemi, ako je angličtina, japončina, francúzština, ruština, atď. Civilizácia a poznanie sú systematizované a prechádzajú z pokolenia na pokolenie prostredníctvom jazyka, a tak môžeme povedať, že sila jazyka je naozaj veľká. Pomocou jazyka môžeme tiež vyjadriť naše pocity a myšlienky na presvedčenie ostatných ľudí alebo dotknúť sa ich sŕdc. Ľudské jazyky majú moc pohnúť ľuďmi a moc dosiahnuť mnoho vecí.

Výraz „anjelské jazyky" odkazuje na krásne slová. Anjeli sú duchovné bytosti, ktoré predstavujú „krásu". Keď niektorí ľudia vyslovujú krásnym hlasom krásne slová, ľudia o nich hovoria, že sú anjelské. Ale Boh hovorí, že aj výrečné ľudské a krásne anjelské slová sú bez lásky len ako cvendžiaci kov alebo zuniaci cimbal (1 Kor 13, 1).

V skutočnosti ťažký, pevný kus ocele alebo medi nevydáva hlasný zvuk, keď po ňom udriete. Ak kus medi vydáva hlasný hluk, znamená to, že je vo vnútri dutý alebo je tenký a ľahký. Cimbaly vydávajú hlasné zvuky, pretože sú vyrobené z tenkého kusu mosadze. Je to rovnaké s ľuďmi. Naša hodnota je porovnateľná s plným klasom pšenice iba vtedy, keď sa staneme pravými Božími synmi a dcérami naplnením našich sŕdc láskou. Naopak, tí, ktorí nemajú lásku, sú ako prázdne plevy. Prečo je to tak?

1 Jn 4, 7-8 hovorí: „Milovaní, milujme sa navzájom, lebo láska je z Boha a každý, kto miluje, narodil sa z Boha a pozná Boha. Kto nemiluje, nepoznal Boha, lebo Boh je láska." Konkrétne tí, ktorí nemajú lásku, nemajú nič spoločné s Bohom a sú ako plevy, ktoré v sebe nemajú žiadne zrná.

Slová takýchto ľudí nemajú žiadnu hodnotu, aj keď sú veľavravné a krásne, pretože nemôžu dať druhým pravú lásku alebo život. Iba rušia ostatných ľudí ako cvendžiaci kov alebo zuniaci cimbal, pretože sú povrchní a vo vnútri prázdni. Na druhej strane, slová, ktoré sú plné lásky, majú úžasnú silu dávať život. Dôkazy nájdeme v Ježišovom živote.

Podstatná láska dáva život

Jedného dňa Ježiš učil v chráme a zákonníci a farizeji priviedli pred neho ženu. Bola prichytená pri cudzoložstve. V očiach týchto zákonníkov a farizejov, ktorí ženu priviedli, nebol ani náznak súcitu.

Povedali Ježišovi: „Učiteľ, túto ženu pristihli priamo pri cudzoložstve. Mojžiš nám v zákone nariadil takéto ženy ukameňovať. Čo povieš ty?" (Jn 8, 4-5)

Zákonom v Izraeli bolo Slovo a Boží zákon. Nachádzala sa v ňom klauzula, ktorá hovorí, že cudzoložníci musia byť ukameňovaní na smrť. Ak by Ježiš povedal, že ju musia v súlade so zákonom ukameňovať, znamenalo by to, že bol v rozpore s Jeho vlastnými slovami, podľa ktorých učil ľudí milovať aj svojich nepriateľov. Ak by povedal, aby jej bolo odpustené, bolo by to jednoznačne v rozpore so zákonom. Znamenalo by to postaviť sa proti Božiemu slovu.

Zákonníci a farizeji boli na seba hrdí, pretože si mysleli, že teraz majú šancu nachytať Ježiša. Keďže Ježiš veľmi dobre poznal ich srdcia, zohol sa a prstom písal po zemi. Potom sa vzpriamil a povedal: „Kto z vás je bez hriechu, nech prvý hodí do nej kameň"

(Jn 8, 7).

Keď sa Ježiš opäť zohol a písal prstom po zemi, ľudia jeden po druhom odchádzali a zostali tam len žena a Ježiš. Ježiš zachránil život tejto ženy bez toho, aby porušil zákon.

To, čo zákonníci a farizeji hovorili, nebolo navonok zlé, pretože iba hovorili to, čo sa nachádza v Božom zákone. Ale motív v ich slovách bol veľmi odlišný od Ježišovho motívu. Snažili sa ostatným ublížiť, zatiaľ čo Ježiš sa snažil duše zachrániť.

Pokiaľ máme tento druh Ježišovho srdca, budeme sa modliť premýšľajúc nad tým, aké druhy slov môžu dať ostatným silu a viesť ich k pravde. Budeme sa snažiť dať život s každým slovom, ktoré vyslovíme. Niektorí ľudia sa snažia presvedčiť ostatných s Božím slovom alebo sa snažia napraviť správanie ostatných ľudí poukazovaním na ich nedostatky a chyby, o ktorých si myslia, že nie sú dobré. Aj keď sú také slová správne, nemôžu v ostatných ľuďoch spôsobiť premenu alebo im dať život, ak nie sú vyslovené z lásky.

Preto by sme mali vždy skontrolovať samých seba, či rozprávame z vlastnej spravodlivosti a na základe vlastných rámcov myšlienok, alebo či pochádzajú naše slová z lásky dať život druhým. Vodou života uhasínajúcou smäd duše a vzácnym drahokamom, ktorý dáva radosť a útechu bolestiam v duši, sa namiesto veľmi krásnych slov stáva slovo, ktoré obsahuje duchovnú lásku.

Láska so skutkami sebaobetovania

Všeobecne „proroctvo" znamená hovoriť o budúcich udalostiach. V biblickom zmysle to znamená dosiahnuť Božie srdce vnuknutím Ducha Svätého pre konkrétny účel a hovoriť o budúcich udalostiach. Prorokovať nie je niečo, čo je možné na základe ľudskej vôle. 2 Pt 1, 21 hovorí: „Lebo proroctvo nikdy nevzišlo z ľudskej vôle; ale pod vedením Ducha Svätého prehovorili ľudia poslaní od Boha." Tento dar proroctva nie je náhodne hocikomu dávaný. Boh nedáva tento dar človeku, ktorý sa neposvätil, pretože sa môže stať arogantným.

„Dar proroctva", ktorý je opísaný v kapitole o duchovnej láske, nie je dar, ktorý je dávaný niekoľkým vybraným ľuďom. To znamená, že každý, kto verí v Ježiša Krista a prebýva v pravde, môže predvídať budúcnosť. Konkrétne, keď sa Pán vráti vo vzduchu, spasení ľudia budú uchvátení do vzduchu a budú sa podieľať na sedemročnej svadobnej hostine, zatiaľ čo tí, ktorí nebudú spasení, budú na zemi trpieť v sedemročnom veľkom súžení a po rozhodnutí veľkého bieleho trónu pôjdu do pekla. Aj keď všetky Božie deti týmto spôsobom majú dar proroctva „rozprávať o budúcich udalostiach", nie všetky z nich majú duchovnú lásku. Koniec koncov, ak nemajú duchovnú lásku, budú meniť názory, hľadajúc vlastné výhody, a preto im dar proroctva nebude na úžitok. Dar sám o sebe nemôže získať ani zväčšiť lásku.

„Bláznovstvo" sa tu vzťahuje na tajomstvo, ktoré bolo ukryté pred začiatkom vekov, ktorým je slovo kríža (1 Kor 1, 18). Slovo kríža je prozreteľnosť ľudskej spásy, ktorú vytvoril Boh Jeho zvrchovanosťou pred začiatkom vekov. Boh vedel, že ľudia zhrešia a padnú na cestu smrti. Z tohto dôvodu ešte pred začiatkom vekov pripravil Ježiša Krista, ktorý by sa stal Spasiteľom. Boh to udržal v tajnosti až dovtedy, kým nebola táto prozreteľnosť splnená. Prečo to urobil? Keby cesta spásy bola známa, v dôsledku zásahu nepriateľa diabla a satana by sa nebola otvorila (1 Kor 2, 6-8). Nepriateľ diabol a satan si mysleli, že by si mohli navždy udržať autoritu, ktorú dostali od Adama, ak Ježiša zabijú. Ale cesta spásy sa otvorila práve preto, že podnecovali zlých ľudí a zabili Ježiša! Avšak, aj keď poznáme také veľké tajomstvo, mať toto poznanie nám nijako neprospieva, pokiaľ nemáme duchovnú lásku.

Je to rovnaké s poznaním. Termín „všetko poznanie" sa tu nevzťahuje na akademické vedomosti. Odkazuje to na poznanie Boha a pravdy v 66 knihách Biblie. Ak sa raz o Bohu dozvieme skrze Bibliu, mali by sme sa tiež s Ním stretnúť a zažiť Ho na vlastnej koži a z hĺbky našich sŕdc v Neho veriť. V opačnom prípade poznanie Božieho Slova zostane len poznaním v našej hlave. Dokonca by sme mohli využiť toto poznanie nepriaznivým spôsobom, napríklad, pri posudzovaní a odsudzovaní druhých. Preto poznanie bez duchovnej lásky nám nijako neprospieva.

Čo ak by sme mali takú vieru, že by sme mohli presunúť vrch? Mať veľkú vieru nemusí nutne znamenať, že máme veľkú lásku. Prečo si veľkosť viery a lásky navzájom nezodpovedajú? Viera môže rásť zažitím Božích znamení, zázrakov a skutkov. Peter videl mnoho znamení a zázrakov v Ježišovom podaní, a z tohto dôvodu mohol tiež chodiť po vode, aj keď len na chvíľu, keď po vode kráčal Ježiš. Ale v tej dobe Peter nemal duchovnú lásku, pretože ešte nedostal dar Ducha Svätého. Ani si ešte neobrezal srdce odhodením hriechov. Preto, keď bol neskôr jeho život v ohrození, Ježiša trikrát zaprel.

Môžeme pochopiť, prečo naša viera môže rásť na základe skúseností, ale duchovná láska prichádza do našich sŕdc len vtedy, keď máme snahu, oddanosť a obety na odhodenie hriechov. Ale to neznamená, že neexistuje žiadny priamy vzťah medzi duchovnou vierou a láskou. Môžeme sa snažiť odhodiť hriechy a môžeme sa pokúsiť milovať Boha a duše, pretože máme vieru. Ale bez skutkov podobných Pánovým a dosiahnutím pravej lásky naša práca pre Božie kráľovstvo nebude mať s Bohom nič spoločné, bez ohľadu na to, akými vernými sa snažíme byť. Bude to rovnaké, ako povedal Ježiš: „Vtedy im vyhlásim: Nikdy som vás nepoznal; odíďte odo mňa vy, čo páchate neprávosť!" (Mt 7, 23)

Láska, ktorá prináša nebeské odmeny

Zvyčajne pred koncom roka mnoho organizácií a jednotlivcov finančne prispieva vysielacim alebo novinovým spoločnostiam pre pomoc núdznym. Čo sa stane, ak ich mená nebudú spomenuté v novinách alebo vo vysielaní? Je pravdepodobné, že už nebude príliš veľa ľudí a spoločností, ktoré budú aj naďalej prispievať.

Ježiš povedal v Mt 6, 1-2: „Dajte si pozor a nekonajte svoje dobré skutky pred ľuďmi, aby vás obdivovali, lebo nebudete mať odmenu u svojho Otca, ktorý je na nebesiach. Keď teda dávaš almužnu, nevytrubuj pred sebou, ako to robia pokrytci v synagógach a po uliciach, aby ich ľudia chválili. Veru, hovorím vám: Už dostali svoju odmenu." Ak pomáhame ostatným, aby sme boli ľuďmi uctievaní, môžeme byť uctievaní na okamih, ale nedostaneme žiadnu odmenu od Boha.

Toto dávanie je len pre vlastné uspokojenie alebo pýchu. Ak človek koná dobročinnú pomoc len ako formalitu, jeho srdce sa bude s rastúcimi chválami viac a viac vypínať. Ak Boh požehná tento druh človeka, môže sám seba považovať v Božích očiach za správneho. A tak si neobreže srdce a iba mu to uškodí. Ak konáte dobročinnú pomoc s láskou k vašim blížnym, nebude vás zaujímať, či o tom ostatní ľudia vedia alebo nie. Je to preto, že veríte, že vás odmení Boh Otec, ktorý vidí aj to, čo robíte v skrytosti (Mt 6, 3-4).

Dobročinná pomoc v Pánovi nie je len poskytnutie základných životných potrieb, ako je oblečenie, jedlo a bývanie. Je to viac o poskytovaní duchovného chleba pre záchranu duše. V súčasnej dobe, či už sú to veriaci v Pána, alebo nie, veľa ľudí tvrdí, že úlohou cirkvi je pomáhať chorým, opusteným a chudobným. To, samozrejme, nie je nesprávne, ale prvou povinnosťou cirkvi je kázať evanjelium a zachrániť duše, aby dosiahli duchovný pokoj. Konečný cieľ dobročinnej pomoci spočíva v dosiahnutí týchto cieľov.

Preto, keď pomáhame druhým, je veľmi dôležité vykonať dobročinnú pomoc správne vnuknutím Ducha Svätého. Ak človek dostane nesprávnu pomoc, môže to spôsobiť, že sa vzdiali od Boha ešte viac. V najhoršom prípade ho to môže dokonca viesť aj na cestu smrti. Napríklad, ak budeme pomáhať tým, ktorí ochudobneli v dôsledku nadmerného pitia a hazardných hier alebo tým, ktorí trpia, pretože sa postavili proti Božej vôli, potom o to viac táto pomoc spôsobí, že pôjdu nesprávnou cestou. Samozrejme, to neznamená, že nesmieme pomáhať neveriacim. Neveriacim by sme mali pomôcť tým, že im preukážeme Božiu lásku. Nesmieme však zabúdať na to, že hlavným cieľom dobročinnej pomoci je šírenie evanjelia.

V prípade nových veriacich, ktorí majú slabú vieru, je nevyhnutné im dodávať silu, až kým ich viera nenarastie. Niekedy sú dokonca aj medzi tými, ktorí majú vieru, ľudia s vrodenými slabosťami alebo chorobami a takí, ktorí mali nehodu, ktorá im bráni zarábať si na živobytie. Sú tu tiež starší ľudia, ktorí žijú osamote alebo deti, ktoré sa musia v neprítomnosti rodičov starať o domácnosť. Títo ľudia môžu byť v zúfalej potrebe dobročinnej pomoci. Ak pomáhame ľuďom, ktorí to skutočne potrebujú, Boh nám to oplatí tým, že sa našim dušiam bude dariť a vo všetkom budeme úspešní.

V Sk 10 je príbeh Kornélia, ktorý dostal požehnanie. Kornélius sa bál Boha a veľmi pomáhal židovským ľuďom. Bol stotníkom, vysoko postaveným dôstojníkom, v okupačnej armáde vládnucej nad Izraelom. V jeho situácii muselo byť pre neho ťažké pomáhať miestnym ľuďom. Židia ho určite upodozrievali z toho, čo robil a jeho kolegovia ho tiež kritizovali za jeho skutky. Ale pretože sa bál Boha, neprestal konať dobré skutky a dobročinnosť. Boh však videl všetky jeho skutky a poslal do jeho domu Petra, aby nielen jeho najbližšia rodina, ale všetci tí, ktorí s ním boli v jeho dome, dostali dar Ducha Svätého a boli spasení.

Nie je to len dobročinná pomoc, ktorá musí byť vykonávaná v duchovnej láske, ale aj prinášanie darov Bohu. V Mk 12 čítame o vdove, ktorá bola Ježišom pochválená za to, že ponúkla dar z celého srdca. Do pokladnice vhodila iba dve medené mince, čo bolo všetko, čo mala na živobytie. Prečo ju Ježiš pochválil? Mt 6, 21 hovorí: „Lebo kde je tvoj poklad, tam bude aj tvoje srdce." Ako už bolo povedané, keďže vdova vhodila všetko, čo mala na živobytie, znamená to, že celé jej srdce patrilo Bohu. Bolo to vyznanie lásky k Bohu. Naopak, dary dávané neochotne či kvôli postojom a názorom ostatných ľudí, Boha nepotešujú. V dôsledku toho, také dary darcovi nijako neosožia.

Teraz sa pozrieme na sebaobetovanie. Výraz „vzdávam sa môjho tela, aby bolo spálené" znamená „úplne obetovať sám seba." Zvyčajne je obetovanie vykonávané z lásky, ale niekedy môže byť aj bez lásky. Čo sú obetovania vykonávané bez lásky?

Príkladom takého obetovania sa bez lásky je sťažovanie sa na rôzne veci po vykonaní Božieho diela. Je to vtedy, keď ste minuli všetku silu, čas a peniaze na Božie dielo, ale nikto si to nevšimol a nepochválil to, a preto to neskôr oľutujete a sťažujete sa. Je to vtedy, keď vidíte svojich spolupracovníkov a máte pocit, že nie sú takí horliví ako vy, aj keď tvrdia, že milujú Boha a Pána. Môžete si dokonca myslieť, že sú leniví. Ale je to len vaše súdenie a odsudzovanie. Tento postoj ukrýva túžbu po tom, aby ostatní videli vaše zásluhy, aby ste boli nimi chválení, aby ste sa vo svojej arogancii pýšili vašou vernosťou. Tento druh sebaobetovania môže zničiť pokoj medzi ľuďmi a zlomiť Bohu srdce. To je to, ako obetovanie sa bez lásky nič neosoží.

Nemusíte sa sťažovať slovne navonok. Ale ak nikto neuzná vašu vernú prácu, budete skľúčení a budete si myslieť, že ste bezvýznamní a vaše nadšenie pre Pána ochladne. Ak niekto poukáže na nedostatky a slabé miesta v diele, ktoré ste vykonali zo všetkých síl, dokonca až do bodu sebaobetovania, môžete byť sklamaní a obviňovať tých, ktorí vás kritizujú. Keď niekto prináša viac ovocia ako vy a je ostatnými chválený a obdivovaný, môžete žiarliť a závidieť mu. Potom, bez ohľadu na to, akí verní a horliví ste boli, nemôžete v sebe dosiahnuť pravú radosť. Dokonca môžete prestať vykonávať svoje povinnosti.

Existujú tiež ľudia, ktorí sú horliví iba vtedy, keď sa iní pozerajú. Keď ich ostatní nevidia a nevšímajú si ich, zlenivejú a svoje diela konajú chaoticky alebo nesprávne. Namiesto diel, ktoré nie sú navonok viditeľné, snažia sa vykonať iba tie diela, ktoré sú viditeľné pre ostatných. Dôvodom je ich túžba odhaliť samých seba pred ich nariadenými a ostatnými ľuďmi a byť nimi chválení.

Ak má človek vieru, ako by sa mohol sebaobetovať bez lásky? Je to preto, že nemá duchovnú lásku. Chýba mu pocit vlastníctva v srdci veriť, že to, čo je Božie, je aj jeho a to, čo je jeho, je aj Božie.

Vezmime si príklad. Porovnajme si situácie, keď farmár pracuje na vlastnom poli, a keď roľník pracuje na poli niekoho iného, pričom za prácu dostáva mzdu. Keď farmár pracuje na vlastnom poli, ochotne drie od rána až do neskorých nočných hodín.

Nevynechá žiadnu z farmárskych prác a vykoná všetko. Ale keď najatý roľník pracuje na poli, ktoré patrí niekomu inému, na vykonanie práce nevynaloží všetku energiu, ale namiesto toho si želá, aby slnko čo najskôr zapadlo, aby dostal jeho mzdu a vrátil sa domov. Rovnaký princíp platí aj pre Božie kráľovstvo. Ak ľudia v srdciach nemajú lásku k Bohu, budú pracovať pre Neho povrchne ako najatý pomocník, ktorý chce len svoju mzdu. A ak nedostanú očakávanú mzdu, budú stonať a sťažovať sa.

To je dôvod, prečo Kol 3, 23-24 hovorí: „Čokoľvek robíte, robte z tej duše ako Pánovi, a nie ako ľuďom! Veď viete, že od Pána dostanete za odmenu dedičstvo. Slúžte Pánovi, Kristovi!" Pomáhať druhým a obetovať seba samého bez duchovnej lásky nemá nič spoločné s Bohom, a to znamená, že nemôžeme od Boha dostať žiadnu odmenu (Mt 6, 2).

Ak sa chceme obetovať s úprimným srdcom, musíme mať v srdci duchovnú lásku. Ak je naše srdce naplnené pravou láskou, môžeme aj naďalej venovať svoj život Pánovi so všetkým, čo máme, bez ohľadu na to, či o tom ostatní vedia. Rovnako ako sviečka svieti v tme, aj my sa môžeme vzdať všetkého, čo máme. Keď v starom zákone kňazi zabili zviera ako zmiernu obetu Bohu, vyliali jeho krv na oltár a tuk spálili na ohni. Náš Pán Ježiš, ako zviera ponúknuté ako zmierna obeta za naše hriechy, vylial poslednú kvapku Jeho krvi a vody, aby vykúpil všetkých ľudí z hriechov. On nám ukázal príklad pravého obetovania sa.

Prečo bola Jeho obeta také účinná, že mnoho duší získalo spásu? Je to preto, že Jeho obeta bola vykonaná z dokonalej lásky.

Ježiš splnil Božiu vôľu až po obetovanie vlastného života. Ponúkol príhovorné modlitby za duše aj v poslednej chvíli ukrižovania (Lk 23, 34). Pre túto pravú obetu ho Boh povýšil a dal Mu najslávnejšie miesto v nebi.

Flp 2, 9-10 hovorí: „Preto ho Boh nad všetko povýšil a dal mu meno, ktoré je nad každé iné meno, aby sa na meno Ježiš zohlo každé koleno v nebi, na zemi i v podsvetí."

Ak odhodíme chamtivosť a nečisté túžby a obetujeme sa s čistým srdcom ako Ježiš, Boh nás povýši a odmení nás slávnejším miestom. Náš Pán sľubil v Mt 5, 8: „Blahoslavení čistého srdca, lebo oni uvidia Boha." A tak dostaneme požehnanie vidieť Boha tvárou v tvár.

Láska siahajúca za hranice spravodlivosti

Pastor Yang Won Sohn je nazývaný „atómová bomba lásky". Ponúkol príklady obetovania sa s pravou láskou. Zo všetkých síl sa staral o malomocných. Bol uväznený, pretože odmietol uctievať bôžikov v japonských vojnových svätyňách pod japonskou nadvládou v Kórei. Napriek jeho obetavej práci pre Boha, dozvedel sa šokujúcu správu. V októbri 1948 dvaja z jeho synov boli zabití ľavicovými vojakmi vo vzbure proti vládnucej moci.

Obyčajní ľudia by sa sťažovali na Boha: „Ak Boh žije, ako mi mohol niečo také urobiť?" Ale on iba vzdal vďaky za to, že jeho dvaja synovia boli umučení a boli teraz v nebi po Pánovom boku. Okrem toho, odpustil rebelovi, ktorý zabil jeho dvoch synov, a dokonca si ho adoptoval za syna. Vzdal Bohu vďaky v deviatich vďakyvzdávajúcich aspektoch na pohrebe jeho synov, čo veľmi hlboko zasiahlo srdcia mnohých ľudí.

„Ako prvé vzdávam vďaky za to, že sa moji synovia stali mučeníkmi, aj keď boli narodení z môjho rodu, pretože som plný neprávostí.

Po druhé, vzdávam Bohu vďaky za to, že spomedzi toľkých veriacich rodín, títo vzácni synovia boli práve mojou rodinou.

Po tretie, vzdávam vďaky za to, že môj prvý a druhý syn, ktorí boli najkrajšími spomedzi mojich troch synov a troch dcér, obaja sa stali obetou.

Po štvrté, je ťažké, ak sa jeden syn stane mučeníkom, ale ja vzdávam vďaky za to, že moji dvaja synovia sa stali mučeníkmi.

Po piate, je požehnaním zomrieť v pokoji s vierou v Pána Ježiša a ja vzdávam vďaky za to, že dostali mučenícku slávu tým, že boli zastrelení pri kázaní evanjelia.

Po šieste, chystali sa ísť študovať do Spojených štátov, išli však do nebeského kráľovstva, ktoré je oveľa lepším miestom ako Spojené štáty. Uľavilo sa mi a vzdávam za to vďaky.

Po siedme, vzdávam vďaky Bohu, ktorý mi umožnil prijať nepriateľa, ktorý zabil mojich synov, za nevlastného syna.

Po ôsme, vzdávam vďaky, pretože som presvedčený, že moji

synovia budú mať skrze mučeníctvo dostatok nebeského ovocia.

Po deviate, vzdávam vďaky Bohu, ktorý mi umožnil pochopiť Božiu lásku, aby som sa dokázal radovať aj v tomto druhu utrpenia."

Pastor Yang Won Sohn ani počas kórejskej vojny neodišiel do bezpečia, ale zostal na mieste, aby sa mohol starať o chorých ľudí. Nakoniec bol umučený komunistickými vojakmi. Staral sa o chorých ľudí, na ktorých ostatní úplne zabudli a v dobrote sa staral o nepriateľa, ktorý zabil jeho synov. Bol schopný obetovať sám seba spôsobom, akým to urobil, pretože bol plný pravej lásky k Bohu a k ostatným dušiam.

V Kol 3, 14 nám Boh hovorí: „Ale nad všetko toto majte lásku, ktorá je zväzkom dokonalosti!" Aj keď hovoríme krásne anjelské slová, máme dar prorokovať, vieru presunúť vrchy a obetovať sa pre tých, ktorí sú v núdzi, naše skutky nebudú v Božích očiach dokonalé, pokiaľ nebudú vykonané z pravej lásky. Poďme sa teraz ponoriť do každého významu obsiahnutého v pravej láske, aby sme dosiahli nekonečnú veľkosť Božej lásky.

Kapitola 2 — Vlastnosti lásky

Vlastnosti lásky

„Láska je trpezlivá, láska je dobrotivá; nezávidí, nevypína sa, nevystatuje sa, nie je nehanebná, nie je sebecká, nerozčuľuje sa, nemyslí na zlé, neteší sa z neprávosti, ale raduje sa z pravdy. Všetko znáša, všetko verí, všetko dúfa, všetko vydrží."
1 Kor 13, 4-7

V Mt 24 nájdeme scénu, v ktorej Ježiš bedákal pri pohľade na Jeruzalem, pretože vedel, že Jeho čas sa blíži. Musel byť pribitý na kríž podľa Božej prozreteľnosti, ale keď sa zamyslel nad nešťastím, ktoré malo postihnúť Židov a Jeruzalem, nemohol prestať bedákať. Učeníci sa divili a spýtali sa: „Povedz nám, kedy to bude a aké bude znamenie tvojho príchodu a konca sveta?" (v 3)

A tak im Ježiš povedal o mnohých znameniach, a tiež im povedal, že vychladne láska: „A pretože sa rozmnoží neprávosť, v mnohých vychladne láska" (v 12).

Dnes s určitosťou cítime, že láska ľudí vychladla. Mnohí ľudia hľadajú lásku, ale nevedia, čo je pravá láska, konkrétne, čo je duchovná láska. Nemôžeme mať pravú lásku len preto, že ju chceme mať. Môžeme ju získať, až keď do našich sŕdc vstúpi Božia láska. Potom môžeme začať chápať, čo to je, a tiež začať odhadzovať zlo z nášho srdca.

Rim 5, 5 hovorí: „A nádej nezahanbuje, lebo Božia láska je rozliata v našich srdciach skrze Ducha Svätého, ktorého sme dostali." Ako je napísané, Božiu lásku môžeme v srdci cítiť skrze Ducha Svätého.

Boh nám v 1 Kor 13, 4-7 hovorí o každej vlastnosti duchovnej lásky. Božie deti sú povinné sa ich naučiť a dodržiavať, aby sa mohli stať poslami lásky, vďaka ktorým môžu ostatní ľudia cítiť duchovnú lásku.

1. Láska je trpezlivá

Ak človeku chýba trpezlivosť spomedzi ostatných vlastností duchovnej lásky, môže ľahko ostatných odradiť. Predpokladajme, že nadriadený zadá podriadenému človeku určitú prácu a dotyčný človek ju nevykoná poriadne. A tak nadriadený rýchlo predá dokončenie práce niekomu inému. Prvý človek, ktorý mal prácu vykonať, môže upadnúť do zúfalstva, pretože nedostal druhú šancu, aby napravil to, čo nevykonal poriadne. Boh ustanovil „trpezlivosť" za prvú vlastnosť duchovnej lásky, pretože je to najzákladnejšia vlastnosť pre kultiváciu duchovnej lásky. Ak budeme mať lásku, čakanie nebude nudné.

Akonáhle si uvedomíme Božiu lásku, budeme sa snažiť deliť sa o túto lásku s ľuďmi okolo nás. Niekedy, keď sa snažíme milovať ostatných týmto spôsobom, dostávame nežiadúce reakcie, ktoré môžu skutočne zlomiť naše srdce alebo nám spôsobiť veľkú stratu či ublíženie. Potom už títo ľudia pre nás nebudú milí a už nebudeme schopní im porozumieť. Aby sme mali duchovnú lásku, musíme byť trpezliví a milovať aj takýchto ľudí. Aj keď nás ohovárajú, nenávidia nás alebo sa nám snažia bezdôvodne spôsobovať ťažkosti, musíme si ustrážiť našu myseľ, aby sme boli trpezliví a milovať ich.

Člen kostola ma raz požiadal, aby som sa modlil za vyliečenie depresie jeho manželky. Tiež povedal, že bol opilec, a akonáhle začal piť, stal sa úplne iným človekom a spôsoboval ťažkosti členom jeho rodiny. Ale jeho manželka s ním zakaždým mala trpezlivosť a s láskou sa snažila zmeniť túto jeho vlastnosť. Ale jeho zvyky sa nikdy nezmenili a postupne sa z neho stal alkoholik. Jeho manželka stratila silu žiť a podľahla depresii.

Celej rodine spôsoboval jeho pitím veľké ťažkosti, ale prišiel požiadať o moju modlitbu, pretože svoju ženu stále miloval. Keď som si vypočul jeho príbeh, povedal som mu: „Ak svoju ženu skutočne miluješ, prečo je pre teba také ťažké prestať fajčiť a piť?" Nepovedal nič a zdalo sa, že mu chýba sebavedomie. Bolo mi ľúto jeho rodiny. Modlil som sa za jeho ženu, aby sa vyliečila z depresií a modlil som sa za neho, aby získať silu prestať fajčiť a piť. Božia moc bola úžasná! Bol schopný prestať myslieť na alkohol ihneď po obdržaní mojej modlitby. Predtým neexistoval žiadny spôsob, ktorý by mu pomohol prestať piť, ale po obdržaní modlitby s tým ihneď skončil. Aj jeho manželka bola vyliečená z depresie.

Byť trpezlivý je začiatkom duchovnej lásky

Na dosiahnutie duchovnej lásky musíme mať s ostatnými trpezlivosť v akejkoľvek situácii. Trpíte nepríjemnými pocitmi vo vašej vytrvalosti? Alebo, ako to bolo v prípade ženy v predchádzajúcom príbehu, odrádza vás, ak ste boli dlhú dobu trpezliví a situácia sa vôbec nezmenila k lepšiemu? V tom prípade predtým, ako obviníme okolnosti alebo ostatných ľudí, musíme najprv skontrolovať naše srdcia. Ak sme si v našom srdci vypestovali dokonalú pravdu, nebude existovať situácia, v ktorej by sme neboli trpezliví. Konkrétne to znamená, že ak nedokážeme byť trpezliví, v našom srdci máme ešte stále zlo, ktoré je nepravda, a v rovnakom rozsahu nám chýba trpezlivosť.

Byť trpezlivý znamená mať trpezlivosť so sebou samým a všetkými ťažkosťami, s ktorými prichádzame do styku, keď sa snažíme ukázať pravú lásku. Keď sa snažíme milovať ostatných v poslušnosti k Božiemu slovu, môžeme prežívať ťažké chvíle a byť trpezliví vo všetkých týchto chvíľach je trpezlivosť duchovnej lásky.

Táto trpezlivosť sa líši od trpezlivosti ako jedno z deviatich ovocí Ducha Svätého, ktoré sú opísané v Gal 5, 22-23. Ako sa líšia? „Trpezlivosť", ktorá je jednou z deviatich ovocí Ducha Svätého, nás núti byť trpezlivými pre Božie kráľovstvo a Božiu spravodlivosť vo všetkom, zatiaľ čo trpezlivosť duchovnej lásky znamená byť trpezlivými v kultivácii duchovnej lásky, a preto má užší a konkrétnejší význam. Môžeme povedať, že je časťou trpezlivosti, ktorá patrí medzi deväť ovocí Ducha Svätého.

V dnešnej dobe sa ľudia veľmi ľahko súdia s ostatnými, keď im spôsobia aj tú najmenšiu škodu na ich majetku alebo zdraví. Súdne spory sú medzi ľuďmi veľmi rozšírené. Mnohokrát

Trpezlivosť ako jedno z deviatich ovocí Ducha Svätého	1. Znamená odhodiť všetku nepravdu a s pravdou kultivovať srdce 2. Znamená pochopiť ostatných, usilovať sa o ich výhody a byť s nimi v mieri 3. Znamená dostávať odpovede na modlitby, získať spásu a všetko, čo Boh prisľúbil

obžalúvajú vlastné manželky alebo manželov, alebo dokonca vlastných rodičov alebo deti. Ak s ostatnými máte trpezlivosť, ľudia sa z vás môžu aj vysmievať, že ste blázni. Ale čo povedal Ježiš?

V Mt 5, 39 je napísané: „No ja vám hovorím: Neodporujte zlému. Ak ťa niekto udrie po pravom líci, nastav mu aj druhé." A v Mt 5, 40 je napísané: „Tomu, kto sa chce s tebou súdiť a vziať ti šaty, nechaj aj plášť."

Ježiš nám nehovorí len to, aby sme sa za zlo neodplácali zlom, ale aby sme boli trpezliví. Tiež nám hovorí, aby sme konali dobro voči ľuďom, ktorí sú zlí. Môžeme si myslieť: „Ako by sme mohli pre nich vykonať niečo dobré, keď sme tak veľmi nahnevaní a zranení?" Ak budeme mať vieru a lásku, budeme schopní to urobiť. Je to viera v lásku Boha, ktorý nám dal Jeho jednorodeného Syna ako zmiernu obetu za naše hriechy. Ak veríme, že sme obdržali tento druh lásky, potom môžeme odpustiť aj tým ľuďom, ktorí nám spôsobili veľké utrpenie a zranenie. Ak milujeme Boha, ktorý nás tak veľmi miloval, že za nás dal Jeho jednorodeného Syna, a ak milujeme Pána, ktorý za nás dal Jeho život, budeme schopní milovať kohokoľvek.

Trpezlivosť bez hraníc

Niektorí ľudia potláčajú nenávisť, hnev alebo rozčúlenie a iné negatívne pocity dovtedy, až nakoniec dosiahnu hranicu ich trpezlivosti a vybuchnú. Niektorí introverti nedokážu ľahko vyjadrovať ich city, ale len trpia v srdci, a to vedie k nepriaznivým zdravotným stavom spôsobených nadmerným stresom. Taká trpezlivosť je rovnaká ako stláčanie kovovej pružiny rukami. Ak z nej ruky vezmete preč, roztiahne sa do pôvodného stavu a vyskočí.

Druh trpezlivosti, po akej túži Boh, je trpezlivosť až do konca s nemenným postojom. Presnejšie, ak máme tento druh trpezlivosti, s ničím nebudeme musieť byť trpezliví. V srdciach by sme si neukladali nenávisť a hnev, ale odstránili by sme pôvodnú zlú podstatu, ktorá spôsobuje všetky zlé pocity a premenili ju na lásku a súcit. To je podstatou duchovného významu trpezlivosti. Ak v srdci nemáme žiadne zlo, ale iba duchovnú lásku v plnosti, nie je pre nás ťažké milovať aj našich nepriateľov. Dokonca ani nedovolíme žiadnemu nepriateľstvu vzniknúť.

Ak je naše srdce plné nenávisti, hádok, závisti a žiarlivosti, ako prvé u ľudí uvidíme ich záporné vlastnosti, a to aj napriek tomu, že v skutočnosti majú dobré srdce. Je to rovnaké, ako keď máte na očiach slnečné okuliare a všetko vyzerá tmavšie. Na druhej strane, ak sú naše srdcia plné lásky, potom budú aj ľudia, ktorí konajú zlo, vyzerať krásne. Bez ohľadu na nedokonalosti, nedostatok, chyby alebo slabosti ľudí, necítili by sme k nim nenávisť. Aj v prípade, že nás nenávidia a konajú voči nám zlo, necítili by sme k nim nenávisť.

Trpezlivosť je aj v srdci Ježiša, ktorý „nalomenú trstinu nedolomí alebo tlejúci knôtik neuhasí." Bola aj v srdci Štefana, ktorý sa modlil aj za tých, ktorí ho kameňovali: „Pane, nezapočítaj im tento hriech!" (Sk 7, 60) Kameňovali ho len pre to, že im kázal evanjelium. Bolo pre Ježiša ťažké milovať hriešnikov? V žiadnom prípade! Je to preto, že Jeho srdce je pravda sama.

Raz sa Peter opýtal Ježiša. „Pane, koľko ráz mám odpustiť svojmu bratovi, keď sa proti mne prehreší? Azda sedem ráz?" (Mt 18, 21) Ježiš mu odpovedal: „Hovorím ti: Nie sedem ráz, ale sedemdesiatkrát sedem ráz" (v 22).

To neznamená, že by sme mali odpustiť len sedemdesiatkrát sedem ráz, čo je 490 krát. Sedem v duchovnom zmysle symbolizuje plnosť. Preto odpustiť sedemdesiatkrát sedem ráz predstavuje úplné odpustenie. Môžeme cítiť neobmedzenú Ježišovu lásku a odpustenie.

Trpezlivosť, ktorá dosahuje duchovnú lásku

Samozrejme, že nie je ľahké za noc premeniť našu nenávisť na lásku. Musíme byť dlhú dobu bez prestania trpezliví. Ef 4, 26 hovorí: „Hnevajte sa, ale nehrešte! Slnko nech nezapadá nad vaším hnevom."

Verš hovorí „hnevajte sa", čo platí pre tých, ktorí majú slabú vieru. Boh hovorí ľuďom, že aj keď sa kvôli ich nedostatku viery nahnevajú, nesmú sa hnevať až do západu slnka, to znamená „dlhú dobu", ale zbaviť sa týchto pocitov. Aj keď v srdci človeka vznikajú zlé pocity alebo hnev, keď sa každý človek v rámci miery jeho viery snaží odhodiť tieto pocity s trpezlivosťou a vytrvalosťou, môže zmeniť svoje srdce na pravdu a v jeho srdci začne pomaly rásť duchovná láska.

Človek sa môže zbaviť hriešnej prirodzenosti zakorenenej hlboko v jeho srdci vrúcnou modlitbou v plnosti Ducha Svätého. Je veľmi dôležité, aby sme sa snažili s obľubou pozerať na ľudí, ktoých nemáme radi, a ukázali im skutky dobra. Ak to urobíme, z nášho srdca čoskoro zmizne nenávisť, a potom budeme schopní týchto ľudí milovať. Nebudeme mať spory a nikoho nebudeme nenávidieť. Budeme tiež schopní žiť šťastný život ako v nebi, ako povedal Pán: „Lebo Božie kráľovstvo je medzi vami" (Lk 17, 21).

Keď sú ľudia šťastní, hovoria, že sa cítia ako v nebi. Podobne sa aj výraz „nebeské kráľovstvo je medzi vami" vzťahuje na to, že ste zo srdca odhodili všetku nepravdu a naplnili ho pravdou, láskou a dobrotou. Potom sa nemusíte snažiť byť trpezliví, pretože ste vždy šťastní, radostní a plní milosti a milujete všetkých ľudí okolo vás. Čím do väčšej miery ste odhodili zlo a dosiahli dobrotu, tým menej budete musieť byť trpezliví. Do akej miery ste dosiahli duchovnú lásku, do takej miery nebudete musieť byť trpezliví, potláčajúc vlastné pocity; budete schopní trpezlivo a pokojne s láskou čakať na ostatných, až kým sa nezmenia.

V nebi nie sú žiadne slzy, žiaden smútok a žiadne bolesti. Pretože v nebi neexistuje žiadne zlo, ale len dobrota a láska, nebudete nikoho nenávidieť, na nikoho sa hnevať alebo byť voči niekomu vznetliví. Takže nebudete musieť krotiť a ovládať svoje pocity. Samozrejme, že náš Boh nemusí byť v ničom trpezlivý, pretože On je láska sama. Dôvodom, prečo Biblia hovorí, že „láska je trpezlivá" je to, že ako ľudia máme dušu, myšlienky a duševné rámce. Boh chce pomôcť ľuďom chápať. Čím viac zla odhodíte, a čím viac dobroty dosiahnete, tým menej budete musieť byť trpezliví.

Premeniť nepriateľa na priateľa skrze trpezlivosť

Abrahám Lincoln, šestnásty prezident Spojených štátov, a Edwin Stanton neboli priateľmi, keď boli právnikmi. Stanton pochádzal z bohatej rodiny a mal dobré vzdelanie. Lincolnov otec bol chudobný obuvník a nedokončil ani základnú školu. Stanton sa hrubými slovami vysmieval z Lincolna. Ale Lincoln sa nikdy nenahneval a nikdy mu neodpovedal nahnevane.

Potom, čo bol Lincoln zvolený za prezidenta, vymenoval Stantona za ministra obrany, čo bola jedna z najdôležitejších pozícií v ministerskej rade. Lincoln vedel, že Stanton bol správny človek na túto pozíciu. Neskôr, keď bol Lincoln zastrelený vo Fordovom divadle, mnoho ľudí sa obávalo o vlastné životy. Ale Stanton bežal rovno k Lincolnovi. Držal ho v náručí a s očami plnými sĺz povedal: „Tu leží najväčší človek v očiach sveta. On je najväčším vodcom v histórii."

Trpezlivosť v duchovnej láske môže priniesť zázraky premenenia nepriateľov na priateľov. Mt 5, 45 hovorí: „...aby ste boli synmi svojho Otca, ktorý je na nebesiach. Veď on dáva slnku vychádzať nad zlých i dobrých a posiela dážď na spravodlivých i nespravodlivých."

Boh je trpezlivý aj s tými ľuďmi, ktorí konajú zlo a dúfa, ze sa jedného dňa zmenia. Ak sa k zlým ľuďom správame zle, znamená to, že aj my sme rovnako zlí, ale ak sme trpezliví a milujeme ich, vzhliadajúc k Bohu, ktorý nás odmení, neskôr získame v nebi krásny príbytok (Ž 37, 8-9).

2. Láska je dobrotivá

V Ezopových bájkach je príbeh o slnku a vetre. Raz sa slnko a vietor stavili, kto prvý vyzlečie kabát okoloidúceho. Vietor išiel ako prvý a začal triumfálne fúkať, pomaly sa silou menil na tornádo dostatočne silné na vykorenenie stromu. Muž si začal ešte viac sťahovať kabát. Na rad prišlo slnko, usmialo sa a vydalo teplé slnečné lúče. Mužovi začalo byť v tom teple horúco a vyzliekol si kabát.

Tento príbeh nám ponúka veľmi dobré ponaučenie. Vietor sa snažil donútiť muža, aby si vyzliekol kabát, ale slnko primälo muža vyzliecť si kabát dobrovoľne. Dobrota je niečo podobné. Dobrota je dotknúť sa srdca ostatných a získať ho, nie fyzickou silou, ale dobrom a láskou.

Dobrota prijíma akéhokoľvek človeka

Ten, kto má v srdci dobrotu, dokáže prijať akéhokoľvek človeka a mnoho ľudí si po jeho boku oddýchne. Slovník definuje dobrotu ako „kvalitu alebo stav láskavosti" a byť dobrotivý je byť zhovievavej povahy. Ak si predstavíte kus bavlny, môžete dobrotu lepšie pochopiť. Bavlna nerobí žiadny hluk, ani keď do nej narazia iné predmety. Všetky ostatné predmety jednoducho príjme.

Dobrotivý človek je ako strom, pod ktorým si môže mnoho

ľudí oddýchnuť. Ak sa v horúci letný deň ukryjete pred spaľujúcim slnkom pod veľký strom, budete sa cítiť oveľa lepšie a nebude vám tak horúco. Rovnako, ak človek má dobrotivé srdce, mnoho ľudí bude chcieť prebývať po jeho boku a odpočinúť si.

Zvyčajne sa o človeku, ktorý je taký dobrotivý a mierny, že sa nenahnevá na nikoho, kto mu spôsobuje ťažkosti a netrvá na vlastných názoroch, hovorí, že je pokorným a dobrotivým človekom. Ale bez ohľadu na to, aký je mierny a pokorný, ak táto jeho dobrota nie je Bohom uznaná, nemôže byť považovaný za skutočne dobrotivého človeka. Sú ľudia, ktorí ostatných poslúchajú, ale len preto, že ich povaha je slabá a konzervatívna. Sú aj takí, ktorí potláčajú svoj hnev, aj napriek tomu, že ich myseľ je rozrušená, keď im iní spôsobujú ťažkosti. Ale nemôžu byť považovaní za dobrotivých. Ľudia, ktorí nemajú v srdci žiadne zlo, ale iba lásku, prijímajú a znášajú zlých ľudí s duchovnou pokorou.

Boh chce duchovnú dobrotu

Duchovná dobrota je výsledkom plnosti duchovnej lásky, ktorá v sebe nemá žiadne zlo. S touto duchovnou dobrotou sa nepostavíte voči nikomu, ale prijmete každého človeka bez ohľadu na to, aký je zlý. Tiež všetko znášate, pretože ste múdri. Ale musíme si uvedomiť, že nemôžeme byť považovaní za dobrotivých len preto, že bezpodmienečne všetkých chápeme a odpúšťame im a k všetkým sme mierni. Musíme mať tiež spravodlivosť, dôstojnosť a autoritu, aby sme mohli ostatných viesť a ovplyvňovať. Preto duchovne dobrotivý človek je nielen mierny, ale tiež múdry a čestný. Taký človek žije príkladný život. Konkrétnejšie to znamená mať v srdci pokoru a navonok cnostnú štedrosť.

Aj keď máme dobrotivé srdce bez akéhokoľvek zla, ak máme len vnútornú miernosť, táto miernosť nás nemôže sama primäť k tomu, aby sme ostatných prijali a mali na nich pozitívny vplyv. A preto, ak máme nielen vnútornú dobrotu, ale aj vonkajšie znaky cnostnej štedrosti, naša dobrota môže byť zdokonalená a budeme mať väčšiu silu. Ak budeme mať štedrosť spolu s dobrotivým srdcom, môžeme získať srdcia mnohých ľudí a dosiahnuť oveľa viac.

Človek môže ostatným ľuďom prejaviť pravú lásku vtedy, keď má v srdci dobrotu a láskavosť, plnosť súcitu a cnostnú štedrosť, aby bol schopný ostatných viesť na správnu cestu. Potom môže priviesť mnoho duší na cestu spásy, ktorá je tou správnou cestou. Vnútorná dobrota nemôže žiariť svetlom bez vonkajšej cnostnej štedrosti. Teraz sa pozrieme na to, čo by sme mali urobiť pre kultiváciu vnútornej dobroty.

Normou na zmeranie vnútornej dobroty je posvätenie

Na dosiahnutie dobroty musíme v prvom rade odstrániť z nášho srdca zlo a posvätiť sa. Dobrotivé srdce je ako bavlna, a aj keď sa niekto správa agresívne, nevydáva žiadny zvuk, iba daného človeka príjme. Človek s dobrotivým srdcom nemá v sebe žiadne zlo a s ostatnými ľuďmi nemá žiadne spory. Ale ak máme ostré srdce plné nenávisti, žiarlivosti a závisti alebo zatvrdené srdce plné presvedčenia o vlastnej pravde a nepoddajných vlastných rámcoch myslenia, je pre nás ťažké ostatných prijať.

Ak kameň padne na ďalší tvrdý kameň alebo pevný kovový predmet, vydá zvuk a odrazí sa. A rovnako, ak je naše telesné ja ešte stále nažive, odhaľujeme naše nepríjemné pocity už pri najmenšom nepohodlí spôsobenom inými ľuďmi. Ľudí, ktorí majú nedostatky a chyby, nemusíme dokázať prijať, chrániť a chápať, ale namiesto toho ich môžeme súdiť, odsudzovať a ohovárať. To potom znamená, že sme len ako malé plavidlá, ktorá sa prevrátia, ak do nich niečo vložíme.

Je to malé srdce, ktoré je plné mnohých špinavých vecí bez akéhokoľvek priestoru pre prijatie niečoho iného. Napríklad, môžeme sa uraziť, ak iní poukazujú na naše chyby. Alebo, keď vidíme ostatných niečo si šepkať, môžeme si myslieť, že hovoria o nás a premýšľať nad tým, čo asi hovoria. Dokonca, môžeme ostatných súdiť len preto, že sa na nás pozrú.

Základnou podmienkou pre kultiváciu dobroty je nemať v srdci žiadne zlo. Dôvodom je to, že ak v srdci nemáme žiadne zlo, môžeme ostatných milovať a môžeme ich vidieť skrze dobrotu a lásku. Dobrotivý človek sa na ostatných pozerá za každých okolností s milosrdenstvom a súcitom. Nemá žiadny úmysel ostatných súdiť alebo odsudzovať; jednoducho sa snaží ostatným porozumieť s láskou a dobrotou a jeho dobrota roztopí aj srdce zlých ľudí.

Je obzvlášť dôležité, aby boli posvätení tí, ktorí učia a vedú ostatných. Do tej miery, do akej majú v sebe zlo, budú používať vlastné telesné myšlienky. V rovnakom rozsahu nedokážu správne rozoznať situáciu, a tak nie sú schopní viesť duše na zelené pastviny a k tichým vodám. Duchom Svätým môžeme byť vedení a správne pochopiť situáciu, aby sme mohli viesť duše správnou cestou, iba vtedy, keď sme sa úplne posvätili. Boh uznáva za skutočne dobrotivých iba tých, ktorí sa úplne posvätili. Rôzni ľudia majú rôzne normy na posúdenie, akí ľudia sú dobrotiví. Ale dobrota podľa ľudí je iná ako dobrota v Božích očiach.

Boh uznal Mojžišovu dobrotu

V Biblii vidíme, že Boh uznal Mojžišovu dobrotu. Z Nm 12 môžeme zistiť, aké dôležité je byť uznaný Bohom. Mojžišov brat Áron a jeho sestra Miriam kritizovali Mojžiša za to, že sa oženil s kušidkou.

Nm 12, 2 hovorí: „Vraveli tiež: „Vari Pán len Mojžišovi hovoril? A nehovoril aj nám?" Pán to však počul."
Čo Boh hovorí na to, čo povedali? „Ja sa s ním rozprávam od úst k ústam, otvorene a nie v hádankách – a on môže hľadieť na Pánovu podobu. Prečo ste sa teda nebáli hovoriť proti môjmu

služobníkovi Mojžišovi?" (Nm 12, 8)

Áronove a Miriamine odsudzovanie Mojžiša nahnevalo Boha. V dôsledku toho postihlo Miriam malomocenstvo. Áron bol Mojžišovým hovorcom a Miriam bola jedným z vodcov zhromaždenia. Pretože si mysleli, že aj oni boli Bohom veľmi milovaní a uznaní, keď si mysleli, že Mojžiš vykonal niečo zlé, ihneď ho kvôli tomu kritizovali.

Boh neprijal to, že Áron a Miriam na základe vlastných myšlienok odsudzovali a kritizovali Mojžiša. Akým človekom bol Mojžiš? Bol Bohom uznaný za najpokornejšieho a najtichšieho človeka na povrchu zeme. Bol tiež verný v celom Božom dome, a v dôsledku toho, mu Boh tak veľmi dôveroval, že s Ním mohol Mojžiš hovoriť od úst k ústam.

Keď sa pozrieme na priebeh úteku izraelského ľudu z Egypta a ich putovanie do Kanaánskej zeme, môžeme pochopiť, ako veľmi Boh Mojžiša uznával. Ľudia, ktorí vyšli z Egypta, opakovane páchali hriechy, ktoré boli proti Božej vôli. Sťažovali sa na Mojžiša a obviňovali ho aj za drobné ťažkosti, a to bolo rovnaké, ako sťažovať sa na Boha. Zakaždým, keď sa sťažovali, Mojžiš prosil o Božiu milosť.

Došlo k udalosti, ktorá dramaticky ukázala Mojžišovu dobrotu. Kým Mojžiš na hore Sinai dostával prikázania, ľudia si uliali bôžika – zlaté teľa – a jedli, pili, hýrili a klaňali sa mu. Egypťania uctievali bohov, ako býk a krava, a oni si napodobnili takýchto bohov. Boh im mnohokrát ukázal, že bol s nimi, ale oni sa vôbec nezmenili. Nakoniec na nich padol Boží hnev. Ale vtedy sa za nich začal prihovárať Mojžiš, ponúkajúc za nich vlastný život: „A teraz alebo im odpusť ich previnenie, alebo ak nie, vytri ma zo svojej knihy, ktorú si napísal!" (Ex 32, 32)

„Tvoja kniha, ktorú si napísal" sa vzťahuje na knihu života, ktorá zaznamenáva mená tých, ktorí sú spasení. Ak je vaše meno vymazané z knihy života, nemôžete byť spasení. To neznamená len to, že nezískate spásu, ale aj to, že musíte naveky trpieť v pekle. Mojžiš veľmi dobre vedel o živote po smrti, ale chcel zachrániť ľud aj za cenu vlastnej spásy. Toto Mojžišovo srdce bolo veľmi podobné srdcu Boha, ktorý chce, aby nezahynul ani jeden človek.

Mojžiš kultivoval dobrotu prostredníctvom skúšok

Samozrejme, že Mojžiš nemal takúto dobrotu od začiatku. Aj keď bol Žid, bol vychovaný ako syn egyptskej princeznej a nič mu nechýbalo. Získal najlepšie vzdelanie v Egypte a mal najlepšie vedomosti a bojové zručnosti. Mal v sebe pýchu a presvedčenie o vlastnej pravde. Jedného dňa videl, ako Egypťan bije Žida a v dôsledku presvedčenia o vlastnej pravde tohto Egypťana zabil.

Z tohto dôvodu sa stal za jedinú noc utečencom. Našťastie sa za pomoci madiánskeho kňaza stal pastierom v divočine, ale prišiel o všetko. Starať sa o stádo je niečo, čo Egypťania považovali za veľmi úbohé. Štyridsať rokov musel robiť to, na čo sa kedysi pozeral povýšenecky. Medzitým sa úplne uponížil a uvedomil si mnoho vecí o Božej láske a o živote.

Boh si nevyvolil Mojžiša, egyptského princa, za vodcu ľudu Izraela. Boh si vyvolil Mojžiša – pastiera, ktorý sa mnohokrát uponížil aj na Božie zavolanie. Úplne sa uponížil a prostredníctvom skúšok zo svojho srdca odhodil zlo, a z tohto dôvodu bol schopný vyviesť viac ako 600 000 ľudí z Egypta a viesť ich do Kanaánskej zeme.

Preto v kultivovaní dobroty je dôležité to, aby sme kultivovali dobro a lásku tým, že sa v čase skúšok pred Bohom uponížime, a tým sa skúšky od nás vzdialia. Rozsah našej pokory robí rozdiel aj v našej dobrote. Ak sme spokojní s našim súčasným myslením, s mierou, do akej sme kultivovali pravdu, a že sme ostatnými uznávaní, ako to bolo v prípade Árona a Miriam, staneme sa ešte arogantnejšími.

Cnostná štedrosť zdokonaľuje duchovnú dobrotu

Aby bolo možné kultivovať duchovnú dobrotu, musíme sa nielen posvätiť odvrhnutím každej formy zla, ale tiež musíme kultivovať cnostnú štedrosť. Cnostná štedrosť je jasne ostatných pochopiť a spravodlivo ich prijať; konať správne skutky v súlade s povinnosťou človeka; a mať charakter umožňujúci ostatným ponúknuť a odovzdať ich srdce pochopením ich nedostatkov a ich prijatím, a nie fyzickou silou. Takýto ľudia majú lásku vzbudiť v ostatných dôveru.

Cnostná štedrosť je ako oblečenie, ktoré ľudia nosia. Bez ohľadu na to, akí dobrí sme v našom vnútri, ak sme nahí, ostatní sa na nás budú pozerať povýšenecky. Podobne, bez ohľadu na to, akí sme dobrotiví, bez cnostnej štedrosti nedokážeme naozaj ukázať hodnotu našej dobroty. Napríklad, človek je dobrotivý vo vnútri, ale pri rozhovore s ostatnými hovorí veľa zbytočných vecí. Taký človek nemá zlé úmysly, ale nemôže si naozaj získať dôveru ostatných, pretože nevyzerá byť správne vychovaný a vzdelaný. Niektorí ľudia nemajú žiadne zlé pocity, pretože majú v sebe dobrotu a nespôsobujú iným žiadnu škodu. Ale v prípade, že ostatným aktívne nepomáhajú alebo sa o nich nežne nestarajú, je pre nich ťažké získať si srdcia ľudí.

Kvety, ktoré nemajú krásne farby alebo dobrú vôňu, nedokážu k sebe pritiahnuť žiadne včely alebo motýle, aj keď majú veľa nektáru. Podobne, aj keď sme veľmi dobrotiví a nastavujeme druhé líce, ak nás niekto udrie po jednom, naša dobrota nemôže naozaj zažiariť, ak v našich slovách a skutkoch nie je cnostná štedrosť. Pravá dobrota je dosiahnutá a môže ukázať jej skutočnú hodnotu iba vtedy, keď je vnútorná dobrota odetá do vonkajšieho odevu cnostnej štedrosti.

Jozef mal túto cnostnú štedrosť. Bol jedenástym synom Jakuba, otca celého Izraela. Jeho bratia ho nenávideli a v mladom veku ho predali za otroka do Egypta. Ale Božou mocou sa ako tridsaťročný stal vládcom celého Egypta. Egypt bol v tej dobe veľmi silným národom rozprestierajúcim sa okolo Nílu. Bol to jeden zo štyroch hlavných „kolísok civilizácie". Vládcovia a ľudia boli na seba pyšní a pre cudzinca nebolo vôbec ľahké stať sa vládcom. Ak by urobil čo i len jednu chybu, okamžite by musel odstúpiť.

Dokonca aj v takejto situácii Jozef riadil Egypt veľmi dobre a veľmi múdro. Bol dobrotivý a skromný a v jeho slovách a skutkoch nebola jediná chyba. Mal múdrosť a dôstojnosť vládcu. Mal moc, ktorá bola po kráľovi hneď na druhom mieste, ale nesnažil sa vládnuť nad ľuďmi alebo chváliť sa. Na seba bol prísny, ale k ostatným ľuďom bol veľmi štedrý a dobrotivý. Preto kráľ a ostatní ministri nemali potrebu byť pred ním opatrní alebo na neho žiarliť; úplne mu dôverovali. Túto skutočnosť môžeme pochopiť z toho, ako vrelo Egypťania privítali Jozefovu rodinu, ktorá sa v dôsledku hladu presťahovala do Egypta.

Jozefova dobrota bola sprevádzaná cnostnou štedrosťou

Ak človek má túto cnostnú štedrosť, znamená to, že má široké srdce a ostatných nebude súdiť a odsudzovať na základe vlastných myšlienok, aj keď je v jeho slovách a skutkoch priamy. Táto Jozefova vlastnosť sa prejavila, keď jeho bratia, ktorí ho predali do egyptského otroctva, prišli za jedlom do Egypta.

Spočiatku bratia Jozefa nespoznali. Je to pochopiteľné, pretože ho nevideli viac ako dvadsať rokov. Navyše, v žiadnom prípade im nemohlo napadnúť, že Jozef by mohol byť vládcom Egypta. Ako sa cítil Jozef, keď uvidel bratov, ktorí ho skoro zabili, a nakoniec predali do egyptského otroctva? Mal moc, ktorou ich mohol nechať zaplatiť za ich hriech. Ale Jozef sa nechcel pomstiť. Utajil svoju totožnosť a párkrát ich skúšal, či ich srdcia boli rovnaké ako v minulosti.

Jozef im v skutočnosti dal šancu na pokánie z ich hriechov pred Bohom, pretože hriech pokusu o zabitie a predanie vlastného brata za otroka do inej krajiny nebolo niečo nepatrné. Neodpustil im alebo nepotrestal ich bez rozmýšľania, ale uviedol situáciu takým smerom, aby bratia mohli sami konať pokánie z ich hriechov. Až keď si bratia uvedomili ich previnenie a oľutovali ho, Jozef odhalil svoju identitu.

V tej chvíli sa jeho bratia začali báť. Ich životy boli v rukách ich brata Jozefa, ktorý bol teraz vládcom Egypta, v tej dobe najsilnejšieho národa na zemi. Ale Jozef sa ich nechcel pýtať, prečo urobili to, čo urobili. Nevyhrážal sa im slovami: „Teraz zaplatíte za vaše hriechy." Ale naopak, snažil sa ich utešiť a upokojiť ich mysle. „A teraz sa netrápte a nesužujte, že ste ma sem predali, lebo Boh ma sem poslal pred vami, aby ste ostali nažive" (Gn 45, 5).

Uznal, že všetko bolo v Božom pláne. Jozef nielen z hĺbky srdca odpustil bratom, ale zároveň v úplnom chápaní potešil ich srdcia dojemnými slovami. To znamená, že Jozef ponúkol skutok, ktorý sa dotkol aj nepriateľov, čo je vlastne vonkajšia cnostná štedrosť. Jozefova dobrota sprevádzaná cnostnou štedrosťou bola zdrojom moci pre záchranu mnohých životov v Egypte a v jeho okolí a základom pre dosiahnutie úžasného Božieho plánu. Ako už bolo vysvetlené, cnostná štedrosť je vonkajším vyjadrením vnútornej dobroty, dokáže získať srdcia mnohých ľudí a ukázať veľkú moc.

Na získanie cnostnej štedrosti je nevyhnutné posvätenie

Rovnako ako môže byť vnútorná dobrota dosiahnutá skrze posvätenie, cnostná štedrosť môže byť tiež kultivovaná odhodením všetkého zla a posvätením sa. Ale aj keď človek nedosiahol svätosť, môže byť schopný do určitej miery uskutočniť cnostné a štedré skutky v dôsledku vzdelania alebo preto, že sa narodil s veľkým srdcom. Ale pravá cnostná štedrosť pochádza zo srdca, v ktorom nie je žiadne zlo, a ktoré nasleduje iba pravdu. Ak chceme dosiahnuť úplnú cnostnú štedrosť, nestačí z nášho srdca vytiahnuť len hlavné korene zla. Musíme odhodiť aj stopy zla (1 Sol 5, 22).

Mt 5, 48 hovorí: „Preto musíte byť dokonalí, pretože váš nebeský Otec je dokonalý." Keď sme zo srdca odhodili všetky druhy zla a stali sa v našich slovách, skutkoch a správaní bezúhonní, môžeme dosiahnuť dobrotu, vďaka ktorej pri nás nájde mnoho ľudí odpočinok. Z tohto dôvodu nesmieme byť spokojní, keď dosiahneme úroveň, na ktorej sme odhodili zlo, ako je nenávisť, závisť, žiarlivosť, arogancia a vznetlivosť. Tiež musíme odhodiť aj ten najmenší skutok tela a konať skutky pravdy skrze Božie slovo, vrúcnu modlitbu a vedenie Ducha Svätého.

Čo sú skutky tela? Rim 8, 13 hovorí: „Lebo ak budete žiť podľa tela, zomriete. Ale ak Duchom umŕtvujete skutky tela, budete žiť."
Telo tu neodkazuje len na naše fyzické telo. Telo duchovne odkazuje na telo človeka potom, čo z neho vyšla pravda. Preto skutky tela sa vzťahujú na skutky pochádzajúce z neprávd, ktoré naplnili ľudstvo, ktoré sa následkom toho zmenilo na telo. Skutky tela sú nielen viditeľné hriechy, ale aj všetky druhy nedokonalých skutkov alebo činov.

V minulosti som zažil niečo zvláštne. Keď som sa dotkol nejakého predmetu, zacítil som niečo ako elektrický šok, a zakaždým som sa strhol. Začal som sa báť dotýkať vecí. Prirodzene, keď som sa potom niečoho dotkol, začal som sa v mysli modliť, volajúc Pána. Tento pocit som nemal, keď som sa dotkol objektov veľmi opatrne. Pri otváraní dverí som držal kľučku veľmi opatrne. Musel som byť veľmi opatrný, aj keď som potriasal rukou iným členom cirkvi. Toto sa dialo niekoľko mesiacov a všetko moje správanie sa stalo veľmi opatrné a jemné. Neskôr som si uvedomil, že prostredníctvom týchto skúseností Boh zdokonalil moje skutky tela.

Spôsob správania človeka môže byť považovaný za banálny, ale v skutočnosti je veľmi dôležitý. Niektorí ľudia sa fyzicky ostatných dotýkajú, keď sa smejú alebo sa s nimi rozprávajú. Niektorí hovoria veľmi nahlas bez ohľadu na čas a miesto a spôsobujú u ostatných nepríjemné pocity. Tieto spôsoby správania nie sú veľkými chybami, ale patria medzi nedokonalé skutky tela. Tí, ktorí majú cnostnú štedrosť, majú priame správanie v každodennom živote a mnoho ľudí pri nich nachádza pokoj.

Zmena charakteru srdca

Pre dosiahnutie cnostnej štedrosti musíme kultivovať aj charakter nášho srdca. Charakter srdca sa vzťahuje na veľkosť srdca. Na základe charakteru srdca človeka niektorí ľudia konajú viac ako to, čo sa od nich očakáva, zatiaľ čo iní robia len to, čo im bolo pridelené alebo ešte menej. Človek s cnostnou štedrosťou má charakter srdca, ktorý je veľký a široký, a tak sa nestará len o osobné záležitosti, ale aj o ostatných ľudí.

Flp 2, 4 hovorí: „Nech nik nehľadí iba na svoje vlastné záujmy, ale aj na záujmy iných." Tento charakter srdca sa môže odlišovať v závislosti od toho, ako veľmi si rozšírime srdcia za každých okolností, aby sme ho mohli kontrolovať neustálym úsilím. Ak sa netrpezlivo snažíme iba o vlastné záujmy, mali by sme sa poctivo modliť a zmeniť náš názor tak, aby sme sa v prvom rade snažili o výhody pre druhých.

Predtým, ako bol Jozef predaný do otroctva v Egypte, bol

vychovávaný ako v bavlnke. Nedokázal sa postarať o všetky domáce záležitosti alebo brať ohľad na srdcia a stav jeho bratov, ktorí neboli otcom milovaní. Ale prostredníctvom rôznych skúšok dosiahol srdce sledovať a riadiť každý kút jeho okolia a naučil sa brať ohľad na srdcia druhých.

Boh rozšíril Jozefove srdce v príprave na dobu, kedy sa Jozef mal stať vládcom Egypta. Ak dosiahneme tento charakter srdca spolu s dobrotivým a bezúhonným srdcom, môžeme tiež spravovať a starať sa o veľké organizácie. Je to cnosť, ktorú vodca musí mať.

Požehnanie pre dobrotivých

Aké požehnanie dostanú tí, ktorí dosiahli dokonalú dobrotu odstránením zla z ich sŕdc a kultivovaním vonkajšej cnostnej štedrosti? Ako hovorí Mt 5, 5: „Blahoslavení tichí, lebo oni budú dedičmi zeme" a Ž 37, 11: „Tichí však zdedia zem a budú žiť v šťastí a pokoji," oni zdedia zem. Zem tu symbolizuje príbytok v nebeskom kráľovstve a zdediť zem znamená „tešiť sa neskôr v nebi z veľkej moci."

Prečo by sa tešili z veľkej moci v nebi? Dobrotivý človek posilňuje iné duše so srdcom nášho Boha Otca a dotýka sa ich sŕdc. Čím je človek tichší, tým viac duší v ňom nájde odpočinok a bude ním vedených k spáse. Ak sa staneme veľkým človekom, v ktorom mnoho ľudí nájde odpočinok, znamená to, že sme ostatným slúžili vo veľkej miere. Nebeská moc bude daná tým, ktorí slúžia iným. Mt 23, 11 hovorí: „Kto je medzi vami najväčší; bude vaším služobníkom."

Preto po dosiahnutí neba si tichý človek bude môcť vychutnať veľkú moc a ako príbytok zdedí šíru a veľkú zem. Aj na tejto zemi tých, ktorí majú veľkú moc, bohatstvo, slávu a autoritu, nasleduje mnoho ľudí. Ale v prípade, že stratia všetko, čo mali, stratia väčšinu svojej moci a opustí ich mnoho ľudí, ktorí ich nasledovali. Duchovná moc, ktorá sprevádza dobrotivého človeka, je iná ako moc tohto sveta. Nikdy sa nepominie ani nezmení. Ak sa na tejto zemi jeho duši darí, darí sa mu vo všetkom. V nebi bude Bohom naveky veľmi milovaný a mnohými dušami rešpektovaný.

3. Láska nežiarli

Niekoľko výborných študentov zozbieralo a zhromaždilo ich poznámky k otázkam, ktoré predtým v testoch nezodpovedali správne. Zisťovali, prečo sa im nepodarilo odpovedať na otázky správne a snažili sa to dôkladne pochopiť predtým, než sa pohnú ďalej. Povedali, že táto metóda je veľmi efektívna a vyžaduje kratšie časové obdobie pri výučbe predmetu, ktorý je pre nich ťažké pochopiť. Rovnaká metóda môže byť tiež použitá pri kultivácii duchovnej lásky. Ak podrobne preskúmame naše skutky a slová a jeden po druhom odvrhneme každý z našich nedostatkov, potom môžeme dosiahnuť duchovnú lásku v kratšom časovom období. Poďme sa pozrieť na ďalšiu vlastnosť duchovnej lásky – „Láska nežiarli."

K žiarlivosti dochádza vtedy, keď pocit žiarlivej horkosti a nespokojnosti nadmerne vzrastie a voči inej osobe sú spáchané zlé skutky. Pokiaľ máme v našej mysli pocit žiarlivosti a závisti, budeme mať zlé pocity, keď uvidíme niekoho iného chváleného alebo zvýhodňovaného. Ak vidíme, že niekto je vzdelanejší, bohatší a schopnejší ako my, alebo ak sa jednému z našich spolupracovníkov začne dariť a získa priazeň mnohých ľudí, môžeme pociťovať závisť. Niekedy môžeme nenávidieť tohto človeka, túžiť ho pripraviť o všetko, čo má a pošliapať ho.

Na druhej strane sa môžeme cítiť odradení, mysliac si: „Ostatnými je veľmi obľúbený, ale čo ja? Ja nie som nič!" Inými slovami, máme pocit skľúčenosti, pretože sa porovnávame s ostatnými. Keď máme pocit odradenosti, niektorí z nás si môžu myslieť, že to nie je žiarlivosť. Ale láska sa raduje s pravdou. Inými slovami, ak máme v sebe pravú lásku, radujeme sa, keď sa iným ľuďom darí. Ak sme odradení a karháme sa, alebo sa neradujeme s pravdou, je to preto, že naše ego, čiže „ja", je ešte stále aktívne. Pretože naše „ja" ešte stále žije, naša pýcha je zranená, keď sa cítime byť menejcennejší ako ostatní.

Keď závistlivá myseľ rastie a prejaví sa navonok v zlých slovách a skutkoch, je to žiarlivosť opísaná v kapitole o láske. Ak žiarlivosť prejde do vážneho stavu, človek je schopný uškodiť ostatným alebo ich dokonca zabiť. Žiarlivosť je vonkajším prejavom zlého a špinavého srdca, a preto je ťažké pre tých, ktorí v sebe majú žiarlivosť, získať spasenie (Gal 5, 19-21). Je to preto, že žiarlivosť je viditeľným skutkom tela, čo je viditeľný hriech spáchaný navonok. Žiarlivosť môžeme rozdeliť na niekoľko druhov.

Žiarlivosť v romantickom vzťahu

Žiarlivosť je vyprovokovaná k skutku, keď človek vo vzťahu túži od druhého človeka získať viac lásky a záujmu, ako dostáva. Napríklad, dve Jakubove manželky, Lea a Ráchel, navzájom na seba žiarlili a každá z nich túžila byť Jakubom uprednostňovaná. Lea a Ráchel boli sestry, obe boli dcérami Labana, Jakubovho strýka.

Jakub sa oženil s Leou, pretože bol oklamaný strýkom Labanom, bez ohľadu na jeho želanie. Ale Jakub v skutočnosti miloval Leinu mladšiu sestru Ráchel a získal ju za manželku po 14 rokoch služby u jeho strýka. Od samého začiatku Jakub miloval Ráchel viac ako Leu. Ale Lea mu porodila štyri deti, zatiaľ čo Ráchel nebola schopná porodiť žiadne deti.

V tej dobe bolo hanebné, ak žena nemala deti a Ráchel neustále žiarlila na svoju sestru Leu. Bola žiarlivosťou taká zaslepená, že spôsobovala ťažkosti aj svojmu manželovi Jakubovi. „Daj mi synov, inak umriem" (Gn 30, 1).

Ráchel aj Lea dali svoje slúžky Jakubovi za konkubíny, aby bola jeho láska výlučne ich. Ak by mali v srdci aspoň trochu pravej lásky, radovali by sa, keď tá druhá bola manželom uprednostňovaná. Žiarlivosť spôsobila, že všetci – Lea, Ráchel a Jakub – boli nešťastní. Dokonca to malo vplyv aj na ich deti.

Žiarlivosť, keď je situácia iných priaznivejšia

Aspekt žiarlivosti je pre každého človeka iný v závislosti od hodnôt života každého človeka. Ale obvykle, keď je druhý človek bohatší, vzdelanejší a schopnejší, ako sme my, alebo keď je niekto obľúbenejší a viac milovaný, môžeme žiarliť. Nie je ťažké ocitnúť sa v žiarlivej situácii v škole, v práci a doma, keď žiarlivosť pochádza z pocitu, že niekto iný je na tom lepšie ako my. Keď niekto napreduje a darí sa mu viac ako nám, môžeme ho nenávidieť a ohovárať. Môžeme si myslieť, že musíme ostatných pošliapať, aby sa nám viac darilo a boli sme obľúbenejší.

Napríklad, niektorí ľudia odhaľujú na pracovisku chyby a

nedostatky ostatných a spôsobujú, že sú nadriadenými bezdôvodne podozrievaní a kontrolovaní, pretože chcú byť tými, ktorí budú v ich spoločnosti povýšení. Ani mladí študenti nie sú výnimkou. Niektorí študenti obťažujú ostatných študentov, ktorí sa učia veľmi dobre alebo sekírujú tých študentov, ktorí sú učiteľmi obľúbení. Doma deti ohovárajú bratov a sestry a hádajú sa s nimi, aby získali väčšie uznanie a priazeň rodičov. Iní to robia preto, že chcú po rodičoch zdediť väčší majetok.

Bol to aj prípad Kaina, prvého vraha v dejinách ľudstva. Boh prijal iba Ábelovu obetu. Kain sa cítil opovrhnutý a v zožierajúcej žiarlivosti nakoniec zabil svojho brata Ábela. Od svojich rodičov, Adama a Evy, musel veľakrát počuť o obetovaní krvi zvierat a určite o tom veľmi dobre vedel. „A podľa zákona sa skoro všetko očisťuje krvou a bez vyliatia krvi niet odpustenia" (Hebr 9, 22).

Avšak, priniesol iba obetu úrody pozemku, ktorý obhospodaroval. Ale Ábel z hĺbky srdca priniesol obetu prvorodeného z oviec podľa Božej vôle. Niektorí môžu povedať, že pre Ábela nebolo ťažké priniesť obetu baránka, pretože bol pastier, ale to nie je pravda. Od rodičov sa dozvedel o Božej vôli a chcel ju nasledovať. Z tohto dôvodu Boh prijal iba Ábelovu obetu. Kain začal žiarlil na svojho brata, ale svoju chybu neoľutoval. Keď v ňom raz žiarlivosť vzbĺkla, jej plameň nedokázal uhasiť, a nakoniec zabil svojho brata Ábela. Koľko bolesti to muselo spôsobiť Adamovi a Eve!

Žiarlivosť medzi bratmi vo viere

Niektorí veriaci žiarlia na iného brata alebo sestru vo viere, ktorí sú na tom lepšie v hodnosti, postavení, viere alebo vernosti k Bohu. Toto sa zvyčajne deje vtedy, keď je dotyčný človek podobného veku, postavenia a dĺžky doby života vo viere ako oni, alebo keď toho druhého veľmi dobre poznajú.

Ako je napísané v Mt 19, 30: „A mnohí prví budú poslednými a poslední prvými," niekedy tí, ktorí sú nižšieho veku, sú krátkodobejšie veriacimi a majú nižšie postavenie v kostole, môžu byť pred nami. Potom môžeme voči nim pociťovať silnú žiarlivosť. Takáto žiarlivosť neexistuje len medzi veriacimi rovnakého kostola. Môže byť prítomná medzi pastormi a členmi cirkvi, medzi cirkvami, alebo dokonca aj medzi rôznymi kresťanskými organizáciami. Keď človek vzdáva Bohu slávu, všetci by sa mali radovať spoločne, ale oni namiesto toho označujú ostatných za kacírov, pokúšajúc sa očierniť mená iných ľudí alebo organizácií. Ako by sa cítili rodičia, keby sa ich deti hádali a navzájom nenávideli? Aj v prípade, že im deti dávajú dobré jedlo a dobré veci, neboli by šťastní. A ak sa veriaci, ktorí sú rovnakými deťmi Boha, medzi sebou hádajú a škriepia alebo v prípade, že je medzi cirkvami žiarlivosť, spôsobí to nášmu Pánovi len veľký smútok.

Šaulova žiarlivosť voči Dávidovi

Šaul bol prvý izraelský kráľ. Premrhal svoj život na žiarlivosť voči Dávidovi. Dávid bol pre Šaula ako rytier v lesklej zbroji, ktorý zachránil jeho krajinu. Keď bola morálka vojakov na dne v dôsledku zastrašovania filištínskeho Goliáša, Dávidovi sa podaril raketový vzostup a jednoduchým prakom premohol šampióna Filištíncov. Tento jediný skutok priniesol Izraelu víťazstvo. Od tej doby Dávid vykonal niekoľko záslužných skutkov pri ochraňovaní krajiny pred útokmi Filištíncov. Tu vznikol problém medzi Šaulom a Dávidom. Šaul začul od davu ľudí, ktorý vítal Dávida, vracajúceho sa s víťazstvom z bojového poľa, niečo veľmi znepokojujúce. A to: „Porazil Šaul svojich tisíc, ale Dávid svojich desaťtisíc" (1 Sam 18, 7).

Šaul sa cítil veľmi nepríjemne a pomyslel si: „Ako ma môžu porovnávať s Dávidom? Je to niktoš, obyčajný pastier!"

Jeho hnev prudko narastal, pretože ďalej premýšľal nad tým, čo počul. Nemyslel si, že bolo správne, aby ľudia tak veľmi chválili Dávida a od tej doby sa mu Dávidove skutky zdali podozrivé. Šaul si pravdepodobne myslel, že Dávid konal týmto spôsobom preto, aby si získal srdcia ľudí. Šaulov hnev teraz smeroval na Dávida. Myslel si: „Ak si Dávid už získal srdcia ľudí, vzbura je len otázkou času!"

Čím viac mal Šaul takýchto myšlienok, tým viac hľadal príležitosť zabiť Dávida. Raz bol dokonca Šaul posadnutý zlými duchmi a Dávid pre neho hral na harfe. Šaul využil príležitosť a hodil po ňom kopijou. Našťastie sa Dávid uhol a unikol jej. Ale Šaul sa nevzdal úsilia zabiť Dávida. Nepretržite ho prenasledoval s celou jeho armádou.

Napriek tomu všetkému, Dávid netúžil Šaulovi ublížiť, pretože kráľ bol pomazaný Bohom a kráľ Šaul to vedel. Ale plameň Šaulovej žiarlivosti, ktorá vzblkla, nevyhasol. Šaul neustále trpel v dôsledku rušivých myšlienok pochádzajúcich z jeho žiarlivosti. Až do doby, keď bol zabitý v boji s Filištíncami, Šaul nedokázal nájsť kvôli žiarlivosti voči Dávidovi odpočinok.

Tí, ktorí žiarlili na Mojžiša

V Nm 16 čítame o Korem, Dátanovi a Abíramovi. Kore bol levíta a Dátan a Abíram boli z Rubenovho kmeňa. Boli nahnevaní na Mojžiša a jeho brata a pomocníka Árona. Nazlostila ich skutočnosť, že Mojžiš bol kedysi egyptský princ, a teraz nad nimi vládol, aj keď bol utečencom a madiánskym pastierom. Na druhej strane, oni sami chceli byť vodcami. A tak ovplyvnili ľudí, aby sa k nim pridali.

Kore, Dátan a Abíram zhromaždili 250 ľudí, aby ich nasledovali a mysleli si, že získajú moc. Išli k Mojžišovi a Áronovi a dohadovali sa s nimi. Povedali: „Už je toho dosť, čo robíte! Veď celá pospolitosť, všetci sú svätí a Pán je uprostred nich. Prečo sa teda vyvyšujete nad Pánovu pospolitosť?!" (Nm 16, 3)

Aj keď sa pri konfrontácii s Mojžišom nijako nekontrolovali, Mojžiš mlčal. Len pokľakol pred Bohom k modlitbe, snažil sa im ukázať ich previnenie a prosil Boha o rozsudok. Vtedy prepukol Boží hnev voči Koremu, Abíramovi a Dátanovi a všetkými, čo boli s nimi. Zem otvorila svoje ústa a Kore, Dátan a Abíram spolu s ich manželkami, synmi a ich deťmi zostúpili zaživa do podsvetia.

Potom vyšiel od Pána oheň a usmrtil tých dvestopäťdesiat mužov, ktorí priniesli kadidlo.

Mojžiš nikdy nespôsobil ľudu žiadnu škodu (Nm 16, 15). Iba ľudí viedol zo všetkých síl. Skrze znamenia a zázraky z času na čas dokazoval, že Boh bol s nimi. Boli svedkami desiatich rán v Egypte; nechal ich prejsť cez Červené more ako po súši rozdelením mora na polovicu; dal im vodu zo skaly; a na púšti im dal jesť mannu a prepelice. Dokonca aj vtedy ho ohovárali a postavili sa proti nemu, hovoriac, že sám seba vyvyšuje.

Boh tiež nechal ľudí zažiť, akým veľkým hriechom bola žiarlivosť voči Mojžišovi. Posudzovanie a odsudzovanie človeka, ktorý je povolaný Bohom, je rovnaké ako posudzovanie a odsudzovanie samotného Boha. Preto nesmieme ľahkomyseľne kritizovať cirkev alebo organizácie, ktoré pôsobia v Pánovom mene, hovoriac, že sú nesprávne alebo kacírske. Vzhľadom k tomu, že všetci sme v Bohu bratmi a sestrami, vzájomná žiarlivosť je v Božích očiach veľkým hriechom.

Žiarlivosť kvôli bezvýznamným veciam

Môžeme žiarlivosťou dostať to, čo chceme? V žiadnom prípade! Môžeme spôsobiť ostatným ľuďom ťažkosti a mohlo by to vyzerať, že ich predbehneme, ale v skutočnosti nemôžeme získať všetko, čo chceme. Jak 4, 2 hovorí: „Žiadostiví ste, a nemáte. Vraždíte a závidíte, a nemôžete nič dosiahnuť. Hádate sa a bojujete. Nič nemáte, lebo neprosíte."

Namiesto žiarlivosti zvážte to, čo je zaznamenané v Jób 4, 8: „Sám som videl, tí, čo orú zlobu, neprávosti sejú, tí ich zožnú aj." Zlo, ktoré páchate, vráti sa k vám ako bumerang.

Ako odplata za zlo, ktoré ste zasiali, môžete čeliť nešťastiam vo vašej rodine alebo na pracovisku. Ako je napísané v Prís 14, 30: „Pokojná myseľ (značí) život pre telo, náruživosť je však (ako) hni, čo sa vŕta do kostí," výsledkom žiarlivosti je iba škoda spôsobená nám samým, a preto je žiarlivosť úplne nezmyselná. Preto, ak by ste sa chceli dostať pred ostatných, musíte o to prosiť Boha, ktorý všetko riadi, namiesto plytvania energiou na žiarlivé myšlienky a skutky.

Samozrejme, že nemôžete dostať všetko, o čo prosíte. V Jak 4, 3 je napísané: „Prosíte, a nedostávate, lebo zle prosíte; chcete to využiť na svoje náruživosti." Ak prosíte o niečo, čo chcete pre vlastné potešenie, nedostanete to, pretože to nie je Božia vôľa. Ale vo väčšine prípadov ľudia prosia na základe ich žiadostivosti. Prosia o bohatstvo, slávu a moc pre svoje vlastné pohodlie a pýchu. Kvôli tomuto som v mojej službe smutný. Skutočné a pravé požehnanie nie je bohatstvo, sláva a moc, ale prosperita duše človeka.

Bez ohľadu na to, koľko vecí máte a tešíte sa z nich, na čo vám budú, ak nebudete spasení? Na čo musíme pamätať, je to, že všetky veci na tejto zemi zmiznú ako hmla. 1 Jn 2, 17 hovorí: „A svet sa pominie, aj jeho žiadostivosť. Kto však plní Božiu vôľu, ostáva naveky" a Kaz 12, 8 hovorí: „Márnosť, len márnosť – hovorí Kazateľ, všetko je iba márnosť!"

Dúfam, že nebudete žiarliť na svojich bratov a sestry lipnutím na bezvýznamných veciach tohto sveta, ale budete mať srdce, ktoré je v Božích očiach pravdivé. Potom Boh odpovie na túžby vášho srdca a dá vám večné nebeské kráľovstvo.

Žiarlivosť a duchovná túžba

Ľudia veria v Boha, a napriek tomu žiarlia, pretože majú malú vieru a lásku. Ak máte nedostatok lásky k Bohu a malú vieru v nebeské kráľovstvo, môžete žiarliť kvôli túžbe získať bohatstvo, slávu a moc tohto sveta. Ak budete mať plnú istotu v právach Božích detí a občianstvo neba, bratia a sestry v Kristovi vám budú oveľa drahší ako vaše svetské rodiny. Je to preto, že budete veriť, že s nimi budete žiť naveky v nebi.

Dokonca aj neveriaci, ktorí neprijali Ježiša Krista, vám budú vzácni a oni sú tými, ktorých by sme mali viesť do nebeského kráľovstva. V dôsledku tejto viery pri kultivácii pravej lásky v nás, budeme milovať svojho blížneho ako seba samého. Potom, keď sa bude ostatným dariť, budeme takí šťastní, ako keby sa darilo nám. Tí, ktorí majú pravú vieru, nebudú sa usilovať o bezvýznamné veci tohto sveta, ale budú sa snažiť, byť vytrvalí v Pánovom diele, aby sa násilne zmocnili nebeského kráľovstva. Konkrétne to znamená, že budú mať duchovné túžby.

„Od dní Jána Krstiteľa podnes trpí nebeské kráľovstvo násilie a násilníci sa ho zmocňujú" (Mt 11, 12).

Duchovná túžba je veľmi odlišná od žiarlivosti. Je dôležité mať túžbu byť nadšený a verný v Pánovom diele. Ale v prípade, že vášeň prekročí hranicu a vzdiali sa od pravdy alebo v prípade, že spôsobí ostatným ťažkosti, už to nie je prijateľné. Počas našej služby Pánovi by sme mali brať ohľad na potreby ľudí okolo nás, usilovať sa o ich výhody a snažiť sa byť s každým v mieri.

4. Láska sa nevypína

Sú ľudia, ktorí sa neustále chvália. Nezaujíma ich, čo si o nich myslia iní, keď sa pred nimi chvália. Iba sa chcú chváliť o tom, čo majú, zatiaľ čo sa snažia získať si uznanie druhých. Keď bol Jozef malý chlapec, vychvaľoval sa o svojom sne. To spôsobilo, že ho jeho bratia nenávideli. Vzhľadom k tomu, že bol otcom milovaný zvláštnym spôsobom, v skutočnosti nechápal srdce jeho bratov. Neskôr bol predaný ako otrok do Egypta a podstúpil mnoho skúšok, aby nakoniec v sebe kultivoval duchovnú lásku. Predtým, než v sebe ľudia kultivujú duchovnú lásku, môžu zničiť mier, ktorý majú s ostatnými, vychvaľovaním sa a povyšovaním. Preto Boh hovorí: „Láska sa nevypína."

Jednoducho povedané, vypínať sa znamená odhaliť seba samého a predvádzať sa. Ľudia zvyčajne chcú byť uznávaní, ak urobia alebo majú niečo lepšie ako ostatní. Aký zmysel má takéto vypínanie sa?

Napríklad, niektorí rodičia rozprávajú o svojom dieťati, ktoré je dobrým študentom, pompézne a vychvaľovačne. Ostatní ľudia sa môžu radovať s nimi, ale vo väčšine prípadov je ich pýcha zranená a majú z toho zlé pocity. Môžu bezdôvodne vyhrešiť vlastné dieťa. Bez ohľadu na to, ako dobre sa vaše dieťa učí, ak máte v sebe aspoň trochu dobroty, budete brať ohľad na pocity druhých a nebudete sa takto vychvaľovať vaším dieťaťom. Budete chcieť, aby sa aj dieťa vášho suseda dobre učilo, a ak sa tak stane, radostne ho pochválite.

Tí, ktorí sa vychvaľujú, majú tendenciu byť menej ochotní

uznať a pochváliť dobrú prácu iných ľudí. Tak či onak, majú tendenciu ponižovať ostatných, pretože si myslia, že sú v pozadí do tej miery, do akej sú ostatní uznávaní. To je len jeden spôsob, ako vypínanie sa spôsobuje ťažkosti. Chváliace sa srdce, ktoré koná týmto spôsobom, je ďaleko od pravej lásky. Môžete si myslieť, že ak pochválite samých seba, budete uznávanejší, ale to spôsobí len to, že bude pre vás ťažké získať si úprimnú úctu a lásku. Namiesto toho, vám budú ľudia okolo vás závidieť a vyvolá to nenávisť a žiarlivosť voči vám. „Ale vy sa teraz chválite vo svojej pýche; a každá takáto chvála je zlá."(Jak 4, 16).

Chváliaca sa pýcha života pochádza zo svetskej lásky

Prečo sa ľudia chvália? Je to preto, že v sebe majú chváliacu sa pýchu života. Chváliaca sa pýcha života odkazuje na „vlastnosť vychvaľovať samého seba podľa potešení tohto sveta." Toto pochádza z lásky k svetu. Ľudia sa zvyčajne chvália vecami, ktoré považujú za dôležité. Tí, ktorí majú radi peniaze, chvália sa peniazmi, ktoré majú, a tí, ktorí považujú vonkajší vzhľad za dôležitý, chvália sa vzhľadom. Konkrétne to znamená, že uprednostňujú peniaze, vonkajší vzhľad, slávu alebo sociálnu moc pred Bohom.

Jeden z členov nášho kostola mal úspešný podnik predaja počítačov obchodným konglomerátom v Kórei. Chcel rozšíriť svoj podnik. Vzal si mnoho rôznych druhov pôžičiek a investoval do koncesionárskej internetovej kaviarne a internetového vysielania. Založil spoločnosť s počiatočným kapitálom dvoch miliárd wonov, čo sú približne dva milióny amerických dolárov. Ale obrat bol pomalý a straty narastali, čo nakoniec spôsobilo skrachovanie spoločnosti. Jeho dom sa ocitol v aukcii a naháňali ho veritelia. Musel bývať v malých domoch v suteréne alebo na streche. Teraz sa začal pozerať do seba. Uvedomil si, že mal túžbu chváliť sa jeho úspechom a bol chamtivý po peniazoch. Uvedomil si, že ľuďom okolo neho spôsobil ťažkosti, pretože rozširoval svoj podnik nad hranice vlastných schopností.

Keď pred Bohom konal celým srdcom dôkladné pokánie a odvrhol jeho chamtivosť, bol šťastný, aj keď bolo jeho zamestnaním čistenie kanalizačnej siete a septiky. Boh zvážil jeho situáciu a ukázal mu cestu, ako začať nový biznis. Teraz, keď neustále kráča správnou cestou, jeho podniku sa darí.

1 Jn 2, 15-16 hovorí: „Nemilujte svet, ani to, čo je vo svete. Ak niekto miluje svet, nie je v ňom Otcova láska. Veď nič z toho, čo je vo svete, ani žiadostivosť tela ani žiadostivosť očí ani honosenie sa bohatstvom nie je z Otca, ale zo sveta."

Ezechiáš, trinásty kráľ južnej Judei, bol v Božích očiach priamy, a tiež očistil chrám. Modlitbou premohol inváziu Asýrie; keď ochorel, modlil sa so slzami v očiach a získal pätnásťročné predĺženie života. Ale aj napriek tomu v ňom ešte stále zostávala chváliaca sa pýcha života. Potom, čo sa zotavil zo svojej choroby, Babylon k nemu poslal diplomatov.

Ezechiáš sa im zaradoval a ukázal im jeho klenotnicu, striebro a zlato, korenie a vzácny olej a celú jeho zbrojnicu a všetko, čo sa nachádzalo v jeho pokladniciach. V dôsledku tohto jeho vypínania sa Babylon napadol južnú Judeu a vzal všetky tieto poklady (Iz 39, 1-6). Chválenie sa pochádza z lásky k svetu, a to znamená, že človek nemá lásku k Bohu. Preto pre kultiváciu pravej lásky človek musí zo svojho srdca odstrániť chváliacu sa pýchu života.

Chváliť sa v Pánovi

Je to druh chválenia, ktorý je dobrý. Je to chválenie sa v Pánovi, ako hovorí 2 Kor 10, 17: „Kto sa chváli, nech sa chváli v Pánovi." Chváliť sa v Pánovi znamená vzdať slávu Bohu, a preto čím je jej viac, tým je to lepšie. Dobrým príkladom takéhoto chválenia sa je „svedectvo".

V Gal 6, 14 Pavol povedal: „Ale ja sa nechcem chváliť ničím iným, iba krížom nášho pána Ježiša Krista, cez ktorý je svet ukrižovaný pre mňa a ja pre svet."

Ako povedal Pavol, máme sa chváliť Ježišom Kristom, ktorý nás zachránil a dal nám nebeské kráľovstvo. V dôsledku našich hriechov sme boli odsúdení k večnej smrti, ale získali sme večný život vďaka Ježišovi, ktorý zaplatil za naše hriechy na kríži. Musíme byť veľmi vďační!

Z tohto dôvodu sa apoštol Pavol chválil jeho slabosťou. V 2 Kor 12, 9 hovorí: „Ale on mi povedal: „Stačí ti moja milosť, lebo sila sa dokonale prejavuje v slabosti." A tak sa budem radšej chváliť svojimi slabosťami, aby vo mne prebývala Kristova sila."

V skutočnosti Pavol vykonal toľko znamení a zázrakov, že ľudia dokonca prinášali na chorých vreckovky alebo zástery, ktoré sa ho dotkli, a boli uzdravení. Uskutočnil tri misijné cesty, ktoré priviedli mnoho ľudí k Pánovi a založil kostoly v mnohých mestách. Ale on hovorí, že to nebol on, kto vykonal všetky tieto skutky. Chválil sa iba tým, že to bola Božia milosť a Pánova moc, ktoré mu umožnili vykonať to, čo vykonal.

Dnes mnoho ľudí vydáva svedectvo o stretnutí a zažití živého Boha v každodennom živote. Šíria Božiu lásku, hovoriac, že boli uzdravení z chorôb, získali finančné požehnanie a pokoj v rodine, keď vrúcne hľadali Boha a ponúkli Mu skutky ich lásky.

Ako je napísané v Prís 8, 17: „Ja svojich milovníkov milujem, nachádzajú ma tí, čo ma včas a pilne hľadajú," sú vďační, že zažili veľkú Božiu lásku a získali veľkú vieru, čo znamená, že dostali duchovné požehnanie. Takéto chválenie sa v Pánovi vzdáva slávu Bohu a zasadí vieru a život v srdciach ľudí. Týmto skutkom si hromadia odmeny v nebi a túžby ich srdca budú vyplnené oveľa rýchlejšie.

Ale musíme tu byť opatrní v jednej veci. Niektorí ľudia hovoria, že vzdávajú slávu Bohu, ale v skutočnosti sa snažia, aby sa ostatní dozvedeli o nich alebo o tom, čo urobili. Nepriamo naznačujú, že sa im podarilo získať požehnanie skrze ich vlastné úsilie. Vyzerá to tak, že vzdávajú chválu Bohu, ale v skutočnosti vzdávajú všetku slávu sebe. Satan vznesie obvinenia voči takýmto ľuďom. Nakoniec bude výsledok ich samochvály odhalený; môžu čeliť rôznym druhom testov a skúšok, alebo ak ich nikto neuzná, vzdialia sa od Boha.

Rim 15, 2 hovorí: „Nech sa každý z nás páči blížnemu na jeho dobro a budovanie." Ako už bolo povedané, mali by sme vždy rozprávať pre povznesenie našich blížnych a pre zasadenie viery a života v ich srdciach. Ako sa voda čistí prechodom cez filter, aj naše slová by mali prejsť filtrom predtým, ako ich vyslovíme, premýšľajúc nad tým, či poslucháčom budú na poučenie alebo na zranenie ich citov.

Odhodiť chváliacu sa pýchu života

Aj keď majú ľudia mnoho vecí, ktorými sa môžu chváliť, nikto nemôže žiť večne. Po živote na tejto zemi pôjdu všetci buď do neba, alebo do pekla. V nebi budú aj cesty, po ktorých budeme chodiť, vyrobené zo zlata a nádheru v nebi nemožno porovnávať s nádherou tohto sveta. To znamená, že chválenie sa na tomto svete je nezmyselné. A aj keď človek má mnoho bohatstva, slávy, poznania a moci, môže sa nimi chváliť, keď pôjde do pekla?

Ježiš povedal: „Veď čo osoží človekovi, keby aj celý svet získal, a svojej duši by uškodil?! Alebo za čo vymení človek svoju dušu?! Lebo Syn človeka príde v sláve svojho Otca so svojimi anjelmi a vtedy odplatí každému podľa jeho skutkov" (Mt 16, 26-27).

Svetské chválenie sa nemôže nikdy dať večný život alebo spokojnosť. Naopak, vedie k nezmyselným túžbam a vedie nás do záhuby. Keď si to uvedomíme a naplníme naše srdce nádejou na nebo, dostaneme silu odhodiť chváliacu sa pýchu života. Je to podobné ako dieťa, ktoré sa prestane hrať so svojou starou, lacnou hračkou, keď dostane úplne novú hračku. Vzhľadom k tomu, že vieme o žiarivej kráse nebeského kráľovstva, nelipneme na veciach tohto sveta ani sa ich nesnažíme získať.

Keď odhodíme chváliacu sa pýchu života, budeme sa chváliť len v Ježišovi Kristovi. Budeme cítiť, že nič z tohto sveta nestojí za vypínanie, ale skôr budeme hrdí na budúcu slávu, z ktorej sa budeme naveky tešiť v nebeskom kráľovstve. Potom budeme naplnení radosťou, akú sme nikdy predtým nezažili. Aj keď budeme v živote čeliť ťažkým chvíľam, nebudeme mať pocit, že sú veľmi ťažké. Budeme iba vzdávať vďaky za lásku Boha, ktorý dal Jeho jednorodeného Syna Ježiša, aby nás zachránil, a tak môžeme byť za každých okolností naplnení radosťou. Ak nebudeme vyhľadávať chváliacu sa pýchu života, nebudeme sa pri dostávaní chvál cítiť povýšení, ani nebudeme pri pokarhaní sklamaní. Len sa pri dostávaní chvál pokorne pozrieme do seba ešte viac a poďakujeme len vtedy, keď budeme pokarhaní a pokúsime sa ešte viac zmeniť.

5. Láska sa nevystatuje

Tí, ktorí sa s ľahkosťou vypínajú, majú pocit, že sú lepší ako ostatní a stanú sa arogantnými. Ak sa im vo všetkom darí, myslia si, že je to preto, že vykonali dobrú prácu a začnú byť domýšľaví alebo leniví. Biblia hovorí, že zlo, ktoré Boh najviac nenávidí, je arogancia. Arogancia je tiež hlavný dôvod, prečo ľudia postavili Babylonskú vežu, aby súťažili s Bohom, čo bolo udalosťou, kedy Boh oddelil jazyky.

Vlastnosti arogantných ľudí

Arogantný človek nepovažuje ostatných za lepších ako on a ostatnými opovrhuje alebo si ich nevšíma. Taký človek sa cíti voči ostatným nadradený vo všetkých aspektoch. Považuje sa za najlepšieho. Pohŕda ostatnými, pozerá sa nich povýšenecky a snaží sa ich vo všetkom poučovať. S ľahkosťou dáva najavo jeho arogantný postoj voči tým, ktorí sa mu zdajú byť horší ako on. Niekedy v jeho prílišnej arogancii neberie ohľad na tých, ktorí ho učili a viedli, ani na tých, ktorí sú na na vyššej pozícii na jeho pracovisku alebo v sociálnej hierarchii. Odmieta počúvať rady, výčitky a pokarhanie jeho nadriadených. Bude sa sťažovať, mysliac si: „Môj nadriadený to hovorí len preto, lebo nemá tušenie, o čo ide," alebo povie: „Ja viem všetko a viem to urobiť veľmi dobre."

Taký človek spôsobuje mnoho sporov a hádok s ostatnými ľuďmi. Prís 13, 10 hovorí: „Pýchou sa vyvoláva iba roztržka, tí však, čo správajú sa radou, (pridržiavajú sa) múdrosti."

2 Tim 2, 23 hovorí: „Hlúpym a neviazaným otázkam sa vyhýbaj, veď vieš, že vyvolávajú len zvady." To je dôvod, prečo je také pochabé a nesprávne myslieť si, že iba vy máte pravdu.

Každý človek má iné svedomie a iné vedomosti. Je to preto, že každý človek je iný v tom, čo videl, počul, zažil a učil sa. Ale mnoho z poznania každého človeka je nesprávne a niečo z toho bolo nesprávne uložené. Ak v nás bolo poznanie dlhú dobu zatvrdzované, vznikne presvedčenie o vlastnej pravde a rámce myslenia. Presvedčenie o vlastnej pravde znamená trvať na tom, že len naše názory sú správne, a keď zatvrdne, stáva sa rámcom myslenia. Niektorí ľudia si vytvárajú vlastné rámce ich osobnosťou alebo poznaním.

Rámec je ako kostra ľudského tela. Tvorí tvar každého človeka, a keď raz vznikne, je ťažké ho zničiť. Väčšina myšlienok ľudí pochádza z ich presvedčenia o vlastnej pravde a z rámcov myslenia. Človek, ktorý má pocit menejcennosti, reaguje veľmi citlivo, ak na neho iní ukazujú obviňujúcim prstom. Alebo ako sa hovorí, ak si bohatý človek upraví svoje oblečenie, ľudia si myslia, že sa svojim odevom vypína a chváli. Ak niekto používa nejaké zložité výrazy, ľudia si myslia, že sa chváli svojím poznaním a pozerá sa na nich povýšenecky.

Od mojej učiteľky na základnej škole som sa naučil, že Socha slobody je v San Franciscu. Živo si spomínam, ako ma to učila s obrázkom a mapou Spojených štátov. Na začiatku 90. rokov som išiel do Spojených štátov viesť zjednotené duchovné stretnutie. A vtedy som prišiel na to, že Socha slobody sa v skutočnosti nachádza v New Yorku.

Pre mňa mala byť socha v San Franciscu, a tak som nechápal, prečo sa nachádza v New Yorku. Pýtal som sa na to ľudí okolo seba, ktorí mi povedali, že je vlastne v New Yorku. Uvedomil som si, že poznanie, ktorému som veril, že je pravdivé, nebolo v skutočnosti správne. V tej chvíli som tiež premýšľal nad tým, že to, v čo verím, že je pravda, by mohla byť v skutočnosti nepravda. Mnoho ľudí verí a trvá na niečom, čo nie je správne.

A aj keď sa mýlia, tí, ktorí sú arogantní, to nepriznajú, ale aj naďalej budú trvať na svojich názoroch, a to povedie k hádkam. Ale tí, ktorí sú pokorní, nebudú sa hádať ani vtedy, keď sa ten druhý mýli. Aj napriek tomu, že sú si stopercentne istí, že majú pravdu, stále si myslia, že by sa mohli mýliť, pretože nemajú v úmysle vyhrať v hádke nad ostatným.

Pokorné srdce má duchovnú lásku, ktorou považuje ostatných za lepších. S pokornou mysľou by sme zo srdca považovali ostatných za oveľa lepších ako sme my, aj keď sú menej šťastní, menej vzdelaní alebo majú menšiu spoločenskú moc. Všetky duše by sme považovali za veľmi vzácne, pretože za nich Ježiš vylial Jeho krv.

Telesná arogancia a duchovná arogancia

Ak niekto ukáže takéto vonkajšie skutky nepravdy vystatovania sa, predvádzaním sa a pozeraním sa na ostatných povýšenecky, veľmi ľahko sa môže stať arogantným. Keď prijmeme Pána a spoznáme pravdu, tieto atribúty telesnej arogancie môžeme ľahko odstrániť. Naopak, nie je ľahké si uvedomiť svoju duchovnú aroganciu a odhodiť ju. Čo je teda duchovná arogancia?

Keď už chodíte do kostola určitú dobu, budete Božie slovo poznať. Môžete v kostole získať nejaký titul a postavenie alebo byť zvolení za vodcov. Potom budete mať pocit, že ste vo svojom srdci nadobudli dostatočné množstvo poznania Božieho slova, aby ste si mysleli: „Toľko som toho dosiahol. Musím mať pravdu vo väčšine vecí!" Môžete karhať, súdiť a odsudzovať ostatných ľudí Božím slovom, ktoré máte uložené ako poznanie, mysliac si, že dobro od zla rozlišujete na základe pravdy. Niektorí predstavitelia cirkvi sa snažia o vlastné výhody a porušujú predpisy a príkazy, ktoré by mali dodržiavať. Rozhodne skutkami porušujú príkazy cirkvi, ale myslia si: „Môžem to urobiť, je to v poriadku, pretože mám túto pozíciu. Ja som výnimka." Takáto pyšná myseľ je duchovná arogancia.

Ak vyznávame lásku k Bohu, zatiaľ čo ignorujeme Boží zákon a poriadok s pyšným srdcom, vyznanie nie je pravdivé. Ak budeme súdiť a odsudzovať druhých, nemôžeme mať pravú lásku. Pravda nás učí pozerať sa, počúvať a hovoriť len o dobrých vlastnostiach druhých.

„Bratia, neosočujte jeden druhého. Kto osočuje brata alebo svojho brata posudzuje, osočuje zákon a odsudzuje zákon. Ale ak odsudzuješ zákon, nie si plniteľ zákona, ale sudca" (Jak 4, 11).

Ako sa cítite, keď odhalíte slabé miesta druhých?
Jack Kornfield píše vo svojej knihe Umenie odpustenia, milosrdenstva a pokoja o inom spôsobe postavenia sa k nevhodným skutkom.

„Keď sa v juhoafrickom kmeni Babemba správa človek nezodpovedne alebo nespravodlivo, je sám a nezviazaný postavený do stredu obce. Všetky práce sa prerušia a každý muž, žena a dieťa obce sa zhromaždia vo veľkom kruhu okolo obvineného človeka. Potom každý človek kmeňa hovorí o obvinenom, jeden po druhom, pripomínajúc dobré veci, ktoré tento človek v strede kruhu vo svojom živote vykonal. Je spomenutá každá udalosť a každý zážitok, ktoré je možné podrobne a presne opísať. Všetky jeho pozitívne vlastnosti, dobré skutky, silné stránky a skutky dobroty sú starostlivo a podrobne vyslovené. Tento kmeňový obrad často trvá niekoľko dní. Nakoniec je kmeňový kruh ukončený, nastane radostná oslava a človek je symbolicky a doslovne prijatý späť do kmeňa."

Prostredníctvom tohto procesu tí ľudia, ktorí vykonali niečo zlé, obnovia svoje sebavedomie a usporiadajú si myšlienky, aby prispeli k ich kmeňu. Vďaka tomuto jedinečnému súdu sa trestné skutky v tejto spoločnosti takmer vôbec nevyskytujú.

Keď vidíme chyby druhých, môžeme premýšľať nad tým, či ich ihneď odsúdime alebo necháme konať naše milosrdné a úpenlivé srdce. Týmto spôsobom môžeme zistiť, do akej miery sme v sebe kultivovali pokoru a lásku. Neustálym sebakontrolovaním by sme nemali byť spokojní s tým, čo sme už dosiahli, len preto, že sme veriacimi už dlhú dobu.

Predtým, než sa človek úplne posvätí, má v sebe podstatu, ktorá umožňuje rast arogancie. Preto je veľmi dôležité odstrániť korene podstaty arogancie. Kedykoľvek sa znova môže prejaviť navonok, ak ju úplne neodstránime vrúcnou modlitbou. Je to rovnaké, ako keď odtrhnete burinu, ale tá znova narastie, ak nie je úplne vykorenená. Konkrétne to znamená, že keďže hriešna prirodzenosť nie je zo srdca odstránená úplne, arogancia sa vráti do mysle, keď ľudia dlhú dobu vedú život vo viere. Preto by sme sa vždy mali pokoriť pred Pánom ako deti, považovať iných za lepších ako sme my a neustále sa snažiť kultivovať duchovnú lásku.

Arogantní ľudia veria v seba

Nabuchodonozor otvoril zlatú éru veľkého Babylonu. V jeho dobe vznikol jeden zo starovekých divov sveta nazvaný Visuté záhrady. Bol pyšný na to, že celé jeho kráľovstvo a všetky diela boli vykonané jeho veľkou mocou. Nechal si urobiť vlastnú sochu a nútil ľudí, aby sa jej klaňali. Dan 4, 30 hovorí: „A kráľ hovoril: „Či to nie je veľký Babylon, ktorý som ja svojím ohromným bohatstvom vybudoval na kráľovský dom a na ozdobu svojej slávy?"

Boh ho nakoniec nechal pochopiť, kto je skutočným vládcom sveta (Dan 4, 31-32). Bol vyhnaný z paláca, živil sa trávou ako kravy a sedem rokov žil v divočine ako divé zviera. Aký zmysel mal v tej chvíli jeho trón? Nemôžeme získať nič, ak to Boh nedovolí. Nabuchodonozor sa vrátil do normálneho stavu mysle po siedmich rokoch. Uvedomil si vlastnú aroganciu a uznal Boha. Dan 4, 37 hovorí: „Teraz ja, Nabuchodonozor, chválim, vyvyšujem a oslavujem Kráľa nebies, ktorého všetky činy sú pravda a jeho cesty sú právo a ktorý môže pokoriť tých, čo kráčajú v pýche."

Nie je to len o Nabuchodonozorovi. Niektorí neveriaci na svete hovoria: „Verím sám v seba." Ale nie je pre nich ľahké premôcť svet. Na svete je mnoho problémov, ktoré nie je možné ľudskými schopnosťami vyriešiť. Dokonca aj tie najlepšie z najmodernejších vedeckých poznatkov a technológií sú zbytočné pri prírodných katastrofách, vrátane tajfúnov a zemetrasení a iných nečakaných nešťastí.

A koľko druhov ochorení nie je možné vyliečiť ani modernou medicínou? Ale veľa ľudí sa spolieha na samých seba, keď čelia rôznym problémom, a nie na Boha. Spoliehajú sa na vlastné myšlienky, skúsenosti a poznanie. Ale keď sa im nedarí, a naďalej zápasia s problémami, reptajú proti Bohu aj napriek tomu, že v Boha neveria. Je to preto, že v ich srdciach sídli arogancia. Kvôli tejto arogancii si nepriznajú vlastnú slabosť a nevedia pokorne uznať Boha.

Čo je oveľa poľutovaniahodnejšie, je to, že niektorí veriaci v Boha sa radšej spoliehajú na svet ako na Boha. Boh chce, aby sa Jeho deťom darilo a žili s Jeho pomocou. Ale ak nie ste ochotní vo svojej arogancii pokoriť sa pred Bohom, Boh vám nemôže pomôcť. Potom nemôžete byť ochránení pred nepriateľom diablom alebo byť na vašich cestách úspešní. Ako hovorí Boh v Prís 18, 12: „Pred skazou (býva) povýšenosť srdca ľudského, pred slávou je však pokora," to, čo vám spôsobí pád a skazu, nie je nič iné ako vaša arogancia.

Boh považuje arogantných ľudí za pochabých. Aká malá je prítomnosť človeka v porovnaní s Bohom, ktorý stvoril nebeský trón a podnožku zeme? Všetci ľudia boli stvorení na Boží obraz a všetci sme si rovní ako Božie deti, či už je naše postavie vysoké, alebo nízke. Bez ohľadu na to, koľkými vecami sa chválime na tomto svete, život na tomto svete je len okamih. Keď sa tento krátky život skončí, všetci budú súdení pred Bohom. A my budeme povýšení v nebi podľa toho, čo sme v pokore vykonali na tejto zemi. Je to preto, že nás Pán povýši tak, ako je napísané v Jak 4, 10: „Pokorte sa pred Pánom a on vás povýši."

Ak bude voda stáť v malej kaluži, bude nehybná, začne sa rozkladať a naplnia ju červy. Ale ak voda neustále tečie z kopca, nakoniec sa dostane do mora a dá život mnohým živým stvoreniam. Rovnakým spôsobom sa aj my musíme pokoriť, aby sme sa v Božích očiach stali veľkými.

Vlastnosti duchovnej lásky I	1. Je trpezlivá
	2 Je dobrotivá
	3. Nežiarli
	4. Nevypína sa

6. Láska nie je nehanebná

„Spôsoby správania" alebo „etiketa" je spoločensky správny spôsob konania, ktorý je o postojoch a správaní ľudí voči ostatným. Druhy kultúrnej etikety majú v našom každodennom živote rôzny formu, napríklad, etiketa v našich rozhovoroch, v stolovaní alebo správanie na verejných miestach, ako sú divadlá.

Správne spôsoby správania sú dôležitou súčasťou nášho života. Spoločensky prijateľné správanie, ktoré je vhodné pre každé miesto a príležitosť, zvyčajne v ostatných vyvoláva priaznivý dojem. Na druhej strane, ak sa nespráváme správne, a ak ignorujeme základnú etiketu, potom to môže spôsobiť ľuďom okolo nás nepohodlie. Navyše, ak povieme niekomu, že ho milujeme, ale konáme voči tejto osobe nehanebne, bude pre neho ťažké uveriť, že ho skutočne milujete.

Online slovník Merriam-Webster's opisuje slovo „nehanebný" ako „nebyť v súlade s normami zodpovedajúcimi postaveniu alebo životným podmienkam človeka." Aj v našom každodennom živote existuje mnoho druhov noriem kultúrnej etikety rovnako, ako pri zoznamovaní a rozhovoroch. Prekvapivo mnoho ľudí si neuvedomuje, že konali nehanebne ani potom, čo sa správali hrubo. Je pre nás ľahšie správať sa nehanebne voči tým, ktorí sú nám blízki. Je to preto, že keď sa s niektorými ľuďmi cítime pohodlne, máme tendenciu konať s hrubosťou alebo bez správnej etikety.

Ale ak máme pravú lásku, nikdy nekonáme nehanebne. Predpokladajme, že máte veľmi cenný a krásny šperk.

Zaobchádzali by ste s ním nedbalo? Boli by ste veľmi opatrní a starostliví pri manipulácii s ním, aby sa nezlomil, nepoškodil alebo nestratil. A rovnako, ak niekoho skutočne milujete, ako vzácne by ste sa k nemu správali?

Existujú dve situácie nehanebného konania: hrubosť voči Bohu a hrubosť voči človeku.

Konať nehanebne voči Bohu

Dokonca aj medzi tými, ktorí veria v Boha a hovoria, že milujú Boha, keď vidíme ich skutky a počujeme ich slová, uvedomíme si, že existuje veľa ľudí, ktorí sú od milujúceho Boha veľmi ďaleko. Napríklad, zaspávanie počas bohoslužby je jednou z hlavných hrubostí voči Bohu.

Zaspávanie počas bohoslužby je rovnaké ako zaspávanie v prítomnosti samotného Boha. Bolo by veľmi neslušné zdriemnuť si pred prezidentom krajiny alebo generálnym riaditeľom spoločnosti. A tak, o koľko nevhodnejšie by bolo, keby sme zaspali pred Bohom? Je nepravdepodobné, že by ste aj naďalej tvrdili, že Boha milujete. Alebo predpokladajme, že sa stretnete so svojou drahou polovičkou a budete pred ňou zaspávať. Ako potom môžeme povedať, že túto osobu skutočne milujete?

Taktiež, ak sa počas bohoslužby rozprávate s ľuďmi vedľa vás, alebo ak snívate s otvorenými očami, aj to je nehanebné konanie. Takéto správanie je znamením toho, že veriacemu chýba úcta a láska k Bohu.

Takéto správanie ovplyvňuje aj kazateľov. Predpokladajme, že nejaký veriaci sa rozpráva s osobou vedľa neho, sníva s otvorenými očami alebo zaspáva. Potom si kazateľ môže klásť otázku, či posolstvo nie je dostatočne pôsobivé. Môže prísť o vnuknutie Ducha Svätého, a tak nebude schopný kázať v plnosti Ducha. Všetky tieto skutky nakoniec spôsobia nepríjemnosti aj ostatným veriacim.

Vzťahuje sa to aj na odchádzanie zo svätyne uprostred bohoslužby. Samozrejme to neplatí pre niektorých dobrovoľníkov, ktorí musia vyjsť von kvôli ich povinnostiam pomáhať s bohoslužbou. Avšak, s výnimkou niektorých osobitných prípadov, je správne odísť až po úplnom skončení bohoslužby. Niektorí ľudia si myslia: „Iba si vypočujeme čítania" a odídu tesne pred skončením bohoslužby, ale to znamená konať nehanebne.

Bohoslužba v dnešnej dobe je porovnateľným ekvivalentom zápalnej obety v Starom zákone. Keď v tej dobe prinášali zápalnú obetu, museli zviera rozsekať na kúsky, a potom všetky časti spáliť (Lv 1, 9).

V dnešnom slova zmysle to znamená, že musíme ponúknuť správnu a celú bohoslužbu, od začiatku až do konca, v súlade s určitým súborom formalít a postupov. Každý bod bohoslužby musíme sledovať celým srdcom, počnúc tichou modlitbou až po záverečné požehnanie alebo modlitbu Pána. Keď spievame žalmy alebo sa modlíme, alebo dokonca aj počas obetovania a oznámení, musíme odovzdať celé srdcia. Či už sú to oficiálne bohoslužby, akékoľvek modlitebné stretnutie, chvály a bohoslužby, alebo bohoslužby vo väzení, stále ich musíme ponúknuť celým srdcom.

Na uctievanie Boha celým srdcom by sme v prvom rade nemali meškať na bohoslužbu. Nie je správne meškať na schôdzky s ostatnými ľuďmi, a o koľko nevhodnejšie je meškať na schôdzku s Bohom? Boh neustále čaká na mieste uctievania na naše uctievanie.

Preto by sme nemali prísť len tesne pred začiatkom bohoslužby. Je správne prísť skôr a pokorne sa modliť a pripravovať na bohoslužbu. Navyše, aj používať mobilné telefóny počas bohoslužby a nechávať malé deti pobehovať a hrať sa počas bohoslužby, je nehanebné konanie. Žuť žuvačku alebo jesť počas bohoslužby je tiež v tejto kategórii nehanebného konania.

Osobný vzhľad na bohoslužbe je tiež dôležitý. Za normálnych okolností nie je správne prísť do kostola v domácom úbore alebo v pracovnom oblečení. Je to preto, že oblečenie je spôsob vyjadrenia našej úcty a rešpektu voči inej osobe. Božie deti, ktoré skutočne veria v Boha, vedia, aký drahocenný je Boh. Preto, keď Ho prídu uctievať, prichádzajú v najčistejšom oblečení, aké majú.

Samozrejme existujú výnimky. Mnoho ľudí prichádza na bohoslužbu v stredu alebo na celonočnú piatkovú bohoslužbu priamo z práce. Keďže sa ponáhľajú prísť načas, môžu prísť v pracovnom oblečení. V týchto prípadoch by Boh nepovedal, že konajú hrubo, ale namiesto toho, by sa radoval, pretože by zacítil vôňu ich sŕdc, keď sa snažia prísť na bohoslužbu načas, aj keď sú v práci veľmi zaneprázdnení.

Boh chce mať s nami milujúce spoločenstvo prostredníctvom bohoslužieb a modlitby. Toto sú povinnosti, ktoré Božie deti musia vykonávať. A najmä, modlitba je rozhovor s Bohom. Niekedy, zatiaľ čo sa iní modlia, niekto iný ich môže poklepať po pleci, aby ich prerušil v dôsledku stavu núdze.

Je to rovnaké ako prerušenie ľudí v rozhovore s ich nadriadenými. Navyše, keď sa modlíte, otvoríte oči a prestanete sa ihneď modliť len preto, že na vás niekto zavolá, je to tiež nehanebné konanie. V tomto prípade by ste mali najprv dokončiť modlitbu, a až potom reagovať na volanie.

Ak ponúkame naše uctievanie a modlitby v duchu a v pravde, Boh nás odmeňuje požehnaním a odmenami. Odpovedá na naše modlitby oveľa rýchlejšie. Je to preto, že radostne prijíma vôňu nášho srdca. Ale keď si rok, dva, či viac rokov budeme hromadiť nehanebné skutky, vytvorí to medzi nami a Bohom múr hriechu. Ak dokonca aj medzi manželom a manželkou alebo medzi rodičmi a deťmi pokračuje vzťah bez lásky bude tam veľa problémov. Je to rovnaké s Bohom. Ak sme vybudovali medzi nami a Bohom múr, nemôžeme byť ochránení pred chorobami alebo úrazmi a môžeme čeliť rôznym problémom. Nemusíme dostať odpovede na naše modlitby, a to aj v prípade, že sa modlíme dlhú dobu. Ale ak máme v uctievaní a v modlitbe správny postoj, dokážeme vyriešiť mnoho druhov problémov.

Kostol je svätým domom Boha

Kostol je miestom, kde prebýva Boh. Ž 11, 4 hovorí: „Pán prebýva vo svojom svätom chráme, Pán tróni na nebesiach."

V starozákonnej dobe nemohol do svätyne vstúpiť ktokoľvek.

Mohli tam vstúpiť len kňazi. A do veľsvätyne mohol vstúpiť len veľkňaz raz do roka. Ale dnes, vďaka milosti nášho Pána, môže do svätyne vstúpiť a uctievať Boha ktokoľvek. Je to preto, že nás Ježiš vykúpil z našich hriechov Jeho krvou, ako povedal v Hebr 10, 19: „A keď máme, bratia, smelú dôveru, že vojdeme do Svätyne skrze Ježišovu krv."

Svätyňa neznamená len miesto, kde uctievame Boha. Je to každý priestor, ktorý je časťou kostola, vrátane dvora a všetkých ostatných častí. Preto by sme mali byť opatrní aj v tom najmenšom slove a skutku, kdekoľvek v kostole sa nachádzame. Vo svätyni sa nesmieme hnevať a hádať alebo hovoriť o svetských zábavach, či podnikaní. Patrí tu aj nedbalé zaobchádzanie so svätými Božími vecami v kostole alebo ich poškodenie, rozbitie, či zničenie.

Nakupovanie alebo predávanie je v kostole obzvlášť neprijateľné. V súčasnej dobe s rozvojom nakupovania cez internet niektorí ľudia kupujú veci na internete v kostole a platia za nich v kostole. Je to obchodná transakcia. Musíme mať na pamäti, že Ježiš prevrátil stoly peňazomencom a predavačom a vyhnal tých, ktorí predávali zvieratá na obety. Ježiš nedovolil, aby ani zvieratá, ktoré boli určené na obety, boli predávané v chráme. Preto v kostole nesmieme kúpiť alebo predať nič, čo je pre osobnú potrebu. Je to rovnaké aj s bazárom na kostolnom dvore.

Všetky miesta v kostole majú byť len pre uctievanie Boha a spoločenstvo s bratmi a sestrami v Pánovi. Keď sa modlíme a často máme stretnutie v kostole, mali by sme byť opatrní, aby sme sa nestali necitlivými voči svätosti kostola. Ak milujeme kostol, nebudeme konať v kostole nehanebne, ako je napísané v Ž 84, 10: „Jeden deň v tvojich nádvoriach je lepší než iných tisíce. Radšej chcem stáť na prahu domu svojho Boha ako prebývať v stanoch hriešnikov."

Konať nehanebne voči ľuďom

Biblia hovorí, že ten, kto nemiluje svojho brata, nemôže milovať ani Boha. Ak budeme konať nehanebne voči ostatným ľuďom, ktorí sú viditeľní, ako môžeme mať maximálny rešpekt voči Bohu, ktorý je neviditeľný?

> *„Ak niekto povie: ,Milujem Boha,' a nenávidí svojho brata, je luhár. Veď kto nemiluje brata, ktorého vidí, nemôže milovať Boha, ktorého nevidí" (1 Jn 4, 20).*

Pozrime sa na bežné nehanebné skutky v našom každodennom živote, ktoré si jednoducho nevšímame. Zvyčajne, keď hľadáme len vlastné výhody bez toho, aby sme brali ohľad na ostatných, dôjde k mnohým skutkom hrubosti. Napríklad, keď sa rozprávame cez telefón, aj vtedy musíme dodržiavať etiketu. Ak zavoláme neskoro večer alebo v noci, alebo veľmi dlho telefonujeme s niekým, kto je veľmi zaneprázdnený, spôsobí mu to škodu. Meškať na schôdzky, neočakávane niekoho navštíviť alebo prísť neohlásene sú tiež príklady nezdvorilosti.

Niekto by si mohol myslieť: „Sme si blízki, nie je trochu prehnané navzájom voči sebe myslieť na všetky tieto veci?"

Môžete mať naozaj dobrý vzťah, v ktorom tomu druhému dobre rozumiete. Ale aj napriek tomu je veľmi ťažké chápať srdce iného človeka na 100%. Môžeme si myslieť, že vyjadrujeme naše priateľstvo voči inému človeku, ale on by to mohol chápať inak. Preto by sme sa mali snažiť myslieť z hľadiska toho druhého človeka. Mali by sme si predovšetkým dávať pozor, aby sme voči inému človeku nekonali nehanebne v prípade, že sme si veľmi blízki a je nám spolu dobre.

Mnohokrát môžeme vysloviť nedbalé slová alebo konať nedbalo, a tak zraniť city alebo uraziť tých, ktorí sú nám najbližší. Ak sa budeme správať hrubo k rodinným príslušníkom alebo veľmi blízkym priateľom týmto spôsobom, napokon náš vzťah bude napätý a môže sa veľmi zhoršiť. Niektorí starší ľudia sa správajú nehanebne voči ľuďom mladších vekových kategórií alebo na nižších pozíciach. Rozprávajú bezohľadne alebo rozkazovačne, v dôsledku čoho sa ostatní cítia nepríjemne.

Ale dnes je ťažké nájsť ľudí, ktorí z celého srdca slúžia rodičom, učiteľom a starším ľuďom, ktorým by sme mali slúžiť so samozrejmosťou. Niektorí môžu namietať, že situácia sa zmenila, ale je tu niečo, čo sa nikdy nezmení. Lv 19, 32 hovorí: „Pred šedivou hlavou vstaň, cti si staršiu osobu a boj sa svojho Boha! Ja som Pán!"

Božia vôľa je, aby sme vykonávali celú našu povinnosť aj medzi ľuďmi. Božie deti by mali dodržiavať zákon a poriadok tohto sveta a nekonať nehanebne. Napríklad, ak spôsobíme rozruch na verejnom mieste, budeme pľuť na ulici alebo porušovať dopravné predpisy, je to nehanebné konanie voči mnohým ľuďom. Sme kresťania, ktorí by mali byť svetlom a soľou sveta, a preto by sme mali byť veľmi opatrní v našich slovách, skutkoch a správaní.

Zákon lásky je najvyššou normou

Väčšina ľudí trávi väčšinu ich času s ostatnými ľuďmi, spoločným stretávaním a rozprávaním, stravovaním sa a pracovaním. Existuje mnoho druhov kultúrnych etikiet v našom každodennom živote. Ale každý človek má iný stupeň vzdelania a kultúra sa v rôznych krajinách a medzi rôznymi rasami líši. Čo by teda malo byť normou v našom správaní?

Je to zákon lásky, ktorá je v našom srdci. Zákon lásky odkazuje na zákon Boha, ktorý je láska sama. Konkrétne, do tej miery, do akej si vryjeme Božie slovo do nášho srdca a dodržiavame ho, budeme mať Pánov postoj a nebudeme konať nehanebne. Ďalší význam v zákone lásky je „ohľaduplnosť".

Počas temnej noci akýsi človek kráčal s lampou v ruke. Oproti nemu kráčal iný človek, ktorý keď videl tohto muža s lampou, všimol si, že bol slepý. Tak sa ho opýtal, prečo nesie lampu, aj keď je slepý. Odpovedal mu: „Aby ste do mňa nenarazili. Táto lampa je pre vás." Z tohto príbehu sa môžeme naučiť niečo o ohľaduplnosti.

Ohľaduplnosť voči ostatným, aj keď sa zdá byť triviálna, má veľkú silu pohnúť srdcom ľudí. Nehanebné skutky pochádzajú z bezohľadnosti k druhým, čo znamená nedostatok lásky. Ak by sme druhých skutočne milovali, budeme k nim vždy ohľaduplní a nebudeme voči nim konať nehanebne.

V poľnohospodárstve platí, že ak je odstránené príliš veľké množstvo druhoradého ovocia, dozrievajúce ovocie vezme všetky živiny, ktoré sú k dispozícii, a tak bude mať príliš hrubú pokožku a jeho chuť nebude dobrá. Ak nie sme voči ostatným ohľaduplní, na chvíľu si môžeme vychutnať všetko, čo je k dispozícii, ale staneme sa bezchutnými a budeme mať hrubú pokožku ako ovocie, ktoré dostalo príliš veľa živín.

Preto ako hovorí Kol 3, 23: „Čokoľvek robíte, robte z tej duše ako Pánovi, a nie ako ľuďom!" mali by sme každému slúžiť v najväčšej úcte presne tak, ako slúžime Pánovi.

7. Láska nie je sebecká

V tomto modernom svete nie je ťažké nájsť sebectvo. Ľudia sa snažia o vlastné výhody a nie o dobro verejnosti. V niektorých krajinách sa dávajú škodlivé chemické látky do práškového mlieka pre deti. Niektorí ľudia spôsobujú veľké škody vlastnej krajine tým, že kradnú technológiu, ktorá je pre krajinu veľmi dôležitá.

V dôsledku postoja „problém nie je na mojom dvore", je pre vládu ťažké stavať verejné zariadenia, ako sú skládky alebo krematória. Ľudia sa nezaujímajú o dobro ostatných ľudí, ale len o svoje vlastné blaho. Aj my môžeme nájsť mnoho sebeckých skutkov v našom každodennom živote, aj keď nie takých extrémnych ako v týchto prípadoch.

Napríklad, niektorí kolegovia alebo priatelia sa idú spolu najesť. Musia si vybrať, čo budú jesť a jeden z nich trvá na tom, čo chce jesť. Ďalší človek nasleduje tohto človeka, ale vo vnútri sa cíti nepohodlne. A niekto ďalší sa vždy najprv opýta na názor niekoho iného. A potom, nezávisle na tom, či je spokojný s výberom jedla, ktoré vybrali ostatní ľudia, alebo nie je, vždy sa naje s radosťou. Do ktorej kategórie patríte vy?

Stretla sa určitá skupina ľudí, aby sa pripravili na určitú udalosť. Majú rôzne názory. Jeden človek sa snaží presviedčať ostatných dovtedy, až kým s ním ostatní nesúhlasia. Ďalší človek netrvá priveľmi na svojom názore, no keď sa mu nepáči názor niekoho iného, prejaví neochotu, ale nakoniec ho príjme.

Ešte ďalší človek počúva ostatných, kedykoľvek vyslovia svoje názory. A aj keď je ich predstava iná ako jeho, snaží sa ich nasledovať. Takýto rozdiel pochádza z množstva lásky, ktoré má každý z nich v srdci.

V prípade, že dôjde k rozdielnym názorom, čo povedie k hádkam alebo sporom, je to preto, že ľudia hľadajú vlastné výhody, trvajúc iba na vlastných názoroch. Ak manželia trvajú len na vlastných názoroch, budú sa neustále hádať a nebudú schopní sa navzájom pochopiť. Môže byť medzi nimi pokoj, pokiaľ navzájom spolu súhlasia a chápu jeden druhého, ale pokoj je často zničený, pretože každý z nich trvá iba na vlastnom názore.

Ak milujeme niekoho, budeme sa starať o túto osobu viac ako o nás samých. Pozrime sa na rodičovskú lásku. Väčšina rodičov myslí na svoje deti prv, než myslia na seba. A tak matky by radšej počuli: „Tvoja dcéra je taká krásna," ako „Si krásna."

Skôr než by mali oni sami jesť chutné jedlo, cítia sa šťastnejší, ak sa dobre stravujú ich deti. Skôr než by mali oni sami nosiť dobré oblečenie, cítia sa šťastnejší, ak môžu do dobrého oblečenia obliekať svoje deti. Tiež chcú, aby ich deti boli inteligentnejšie ako oni sami. Chcú, aby ich deti boli ostatnými uznávané a milované. Ak dáme tento druh lásky našim blížnym a všetkým ostatným, ako veľmi bude nami potešený Boh Otec!

Abrahám sa s láskou snažil o výhody pre ostatných

Snažiť sa o výhody pre ostatných pred našimi vlastnými pochádza z obetavej lásky. Abrahám je dobrým príkladom človeka, ktorý sa snažil o výhody pre ostatných namiesto jeho vlastných.

Keď Abrahám opustil rodné mesto, jeho synovec Lót ho nasledoval. Vďaka Abrahámovi Lót získal veľké požehnanie a mal toľko zvierat, že voda nepostačovala pre chov Abrahámových a Lótových stád a dobytku. Niekedy sa pastieri oboch strán dokonca hádali.

Abrahám nechcel, aby bol narušený pokoj, a tak nechal Lóta vybrať si stranu pozemku ako prvému a jemu by zostala druhá strana. Najdôležitejšou časťou starostlivosti o stáda je tráva a voda. Miesto, kde žili, nemalo dostatok trávy a vody pre všetky stáda a vzdať sa lepšieho pozemku bolo v určitom zmysle rovnaké, ako sa vzdať toho, čo je nevyhnutné na prežitie.

Abrahám dokázal byť voči Lótovi taký ohľaduplný, pretože ho veľmi miloval. Ale Lót v skutočnosti nechápal túto lásku Abraháma; iba si vybral lepšiu pôdu, údolie Jordánu, a odišiel. Cítil sa Abrahám nepríjemne, keď videl, ako si Lót okamžite bez váhania vybral to, čo bolo pre neho dobré? Vôbec nie! Bol šťastný, že si jeho synovec vybral dobrú pôdu.

Boh videl Abrahámove dobré srdce a požehnal ho ešte viac, kdekoľvek išiel. Stal sa takým bohatým človekom, že ho rešpektovali aj králi v okolí. Ako je tu znázornené, určite dostaneme Božie požehnanie, ak sa namiesto vlastných výhod budeme najprv snažiť o výhody pre ostatných ľudí.

Ak našim milovaným dáme niečo vlastné, naša radosť bude väčšia, než čokoľvek iné. Je to druh radosti, ktorú dokážu pochopiť len tí, ktorí svojim milovaným dali niečo veľmi vzácne. Ježiš zažil takú radosť. To najväčšie šťastie môžeme dosiahnuť vtedy, keď sme dosiahli dokonalú lásku. Je ťažké dávať tým, ktorých nenávidíme, ale vôbec nie je ťažké dávať tým, ktorých milujeme. Dávanie by nás urobilo šťastnými.

Tešiť sa z najväčšieho šťastia

Dokonalá láska nám umožňuje tešiť sa z najväčšieho šťastia. A aby sme mali dokonalú lásku ako Ježiš, musíme najprv myslieť na ostatných. Nie my, ale naši blížni, Boh, Pán a cirkev by mali byť našou prioritou, a ak tak urobíme, Boh sa o nás postará. Keď sa snažíme o výhody pre ostatných ľudí, On nám dáva späť niečo lepšie. V nebi budú uložené naše nebeské odmeny. To je dôvod, prečo Boh hovorí v Sk 20, 35: „Blaženejšie je dávať, ako prijímať."

Tu by sme mali mať jasno v jednej veci. Nesmieme si spôsobiť zdravotné problémy tým, že budeme verne pracovať pre Božie kráľovstvo až za hranice našej fyzickej sily. Boh prijíma naše srdce, keď sa snažíme byť verní až za hranice našich obmedzení. Ale naše fyzické telo potrebuje odpočinok. Mali by sme sa tiež starať o prosperitu našej duše modlitbou, pôstom a študovaním Božieho slova, a nielen prácou v kostole.

Niektorí ľudia spôsobujú nevýhody alebo škody rodinným príslušníkom alebo iným ľuďom, pretože trávia príliš veľa času náboženskými alebo cirkevnými aktivitami. Napríklad, niektorí ľudia si nemôžu riadne plniť svoje povinnosti v práci, pretože sa postia. Niektorí študenti môžu zanedbávať svoje štúdium kvôli účasti na aktivitách v nedeľnej škole.

Vo vyššie uvedených prípadoch si ľudia môžu myslieť, že sa nesnažili o vlastné výhody, pretože neustále usilovne pracujú. Ale to nie je tak úplne pravda. Napriek skutočnosti, že pracujú pre Pána, nie sú verní v celom Božom dome, a tak to znamená, že nesplnili celú povinnosť Božích detí. Koniec koncov, usilovali sa len vlastné výhody.

Čo by sme teda mali urobiť, aby sme sa vyhli hľadaniu vlastných výhod? Musíme sa spoliehať na Ducha Svätého. Duch Svätý, ktorý je srdcom Boha, nás vedie k pravde. Môžeme žiť len pre Božiu slávu, ak budeme všetko konať vedení Duchom Svätým, rovnako ako povedal apoštol Pavol: Či teda jete, či pijete, či čokoľvek iné robíte všetko robte na Božiu slávu" (1 Kor 10, 31).

Aby sme to dokázali urobiť, musíme odhodiť z nášho srdca zlo. Okrem toho, ak v našom srdci dosiahneme pravú lásku, dostaneme múdrosť dobroty, aby sme v každej situácii dokázali rozoznať Božiu vôľu. Ako je uvedené vyššie, ak naša duša prosperuje, vo všetkom sa nám bude dariť a budeme zdraví, a tak môžeme byť Bohu verní v plnom rozsahu. Budeme tiež milovaní našimi blížnymi a rodinnými príslušníkmi.

Keď ku mne prídu novomanželia pre požehnanie, vždy sa za nich modlím, aby sa najprv usilovali o výhody pre toho druhého. Ak sa začnú usilovať o vlastné výhody, nebudú mať pokojnú rodinu.

Môžeme sa usilovať o výhody pre tých, ktorých máme radi alebo tých, ktorí pre nás môžu byť výhodní. Ale ako je to s tými, ktorí nám vo všetkom spôsobujú ťažkosti a vždy sa snažia o vlastné výhody? A čo tí, ktorí nám spôsobili ujmu alebo škodu, či tí, ktorí pre nás nie sú vôbec výhodní? Ako sa správame k tým, ktorí konajú v nepravde a neustále vyslovujú zlé slová?

Ak sa im v týchto prípadoch vyhneme, alebo ak nie sme ochotní sa pre nich obetovať, znamená to, že ešte stále hľadáme vlastné dobro. Mali by sme byť schopní sa obetovať a dať prednosť aj tým ľuďom, ktorí majú iné názory ako my. Až potom môžeme byť považovaní za ľudí, ktorí majú duchovnú lásku.

8. Láska sa nerozčuľuje

Láska robí srdcia ľudí pozitívnymi. Na druhej strane, hnev robí srdce človeka negatívnym. Hnev zraňuje srdce a robí ho tmavým. Preto, ak sa nahneváte, nemôžete žiť v Božej láske. Najväčšie pasce, ktoré Božím deťom nastavuje nepriateľ diabol a satan, sú nenávisť a hnev.

Rozčúliť sa neznamená len nahnevať sa, kričať, nadávať a byť násilný. Ak sa vaša tvár skriví, ak sa farba vašej tváre zmení, a ak sa váš spôsob rozprávania stane drzým, to všetko je súčasťou skutku rozčúlenia. Aj keď je veľkosť v každom prípade iná, je to stále vonkajším vyjadrením nenávisti a zlých pocitov v srdci. Ale len pohľadom na výraz tváre človeka by sme nemali súdiť alebo odsudzovať ostatných, mysliac si, že sú nahnevaní. Nie je jednoduché, aby človek presne chápal srdce niekoho iného.

Ježiš raz vyhnal tých, ktorí predávali veci v chráme. Obchodníci si postavili stánky a vymieňali peniaze alebo predávali dobytok ľuďom, ktorí prišli do jeruzalemského chrámu svätiť paschu. Ježiš bol veľmi nežný; nehádal sa a nekričal a nikto nepočul Jeho hlas na ulici. Ale vidiac túto scénu bol Jeho postoj veľmi odlišný ako zvyčajne.

Uplietol si z povrazov bič a vyhnal ovce, kravy a ďalšie zvieratá určené na obety. Prevrátil stoly peňazomencom a predavačom holubov. Keď ľudia okolo neho videli tohto Ježiša, mohli si myslieť, že bol nahnevaný. Ale v tom okamihu sa Ježiš nenahneval v dôsledku zlých pocitov, ako je nenávisť. Iba bol spravodlivo rozhorčený. Jeho spravodlivým rozhorčením nás nechal si uvedomiť, že nespravodlivosť zneuctenia Božieho chrámu nemôže byť tolerovaná. Tento druh spravodlivého rozhorčenia je výsledkom lásky k Bohu, ktorý zdokonaľuje lásku Jeho spravodlivosťou.

Rozdiel medzi spravodlivým rozhorčením a hnevom

V Mk 3 Ježiš v sobotu uzdravil v synagóge človeka, ktorý mal vyschnutú ruku. Ľudia sledovali Ježiša, aby zistili, či v sobotu vylieči človeka, aby ho mohli obviniť z porušenia soboty. Ježiš však poznal srdcia ľudí a spýtal sa: „Slobodno v sobotu robiť dobre alebo zle, zachrániť život alebo zničiť?" (Mk 3, 4)

Ich zámer bol odhalený a už sa nezmohli ani na slovo. Ježišov hnev bol namierený na ich zatvrdené srdcia.

„S hnevom si ich premeral a zarmútený nad zaslepenosťou ich srdca povedal človekovi: ‚Vystri ruku!' On ju vystrel a ruka mu ozdravela" (Mk 3, 5).

V tej dobe sa zlí ľudia snažili odsúdiť a zabiť Ježiša, ktorý konal iba dobré skutky. Preto Ježiš niekedy používal na nich silné výrazy. Bolo to preto, aby si uvedomili svoje hriechy a odvrátili sa od cesty smrti. A rovnako aj spravodlivé rozhorčenie Ježiša pochádzalo z Jeho lásky. Toto rozhorčenie niekedy prebudilo ľudí a viedlo ich k životu. A preto sú týmto spôsobom rozčúlenie a spravodlivé rozhorčenie úplne odlišné. Iba vtedy, keď sa človek posvätil a nemá v sebe vôbec žiadny hriech, jeho výčitky a pokarhania dávajú život dušiam. Ale bez posvätenia srdca nemôže nikto prinášať tento druh ovocia.

Existuje niekoľko dôvodov, prečo sa ľudia nahnevajú. Po prvé, je to preto, že myšlienky ľudí a to, čo chcú, sú pre každého človeka iné. Každý človek má iné rodinné zázemie a vzdelanie, a tak ich srdcia, myšlienky a normy posudzovania sú pre každého iné. Ale ľudia sa snažia, aby iní prijali ich vlastné nápady, a v dôsledku toho majú zlé pocity.

Predpokladajme, že manžel má rád jedlo slané, ale jeho manželka nie. Manželka môže povedať: „Príliš veľa soli nie je dobré pre tvoje zdravie, preto by si mal konzumovať trochu menej soli." Manželovi radí kvôli jeho zdraviu. Ale v prípade, že manžel jej radu nechce, nemala by na nej trvať. Mali by nájsť spôsob, ako súhlasiť jeden z druhým. Šťastnú rodinu môžu vytvoriť len vtedy, keď sa snažia spoločne.

Po druhé, človek sa môže nahnevať, keď ho ostatní nepočúvajú. Ak je trošku starší alebo na vyššej pozícii, bude chcieť, aby ho iní poslúchali. Samozrejme, že je správne rešpektovať starších ľudí a poslúchať tých, ktorí sú na vedúcich pozíciách, ale nie je správne, aby títo ľudia nútili poslúchať tých, ktorí sú na nižších pozíciach.

Existujú prípady, kedy človek, ktorý je na vyššej pozícii, vôbec nepočúva jeho podriadených, ale iba chce, aby bezpodmienečne nasledovali jeho slová. V iných prípadoch sa ľudia nahnevajú, keď utrpia stratu alebo sa s nimi zaobchádza nespravodlivo. Človek sa tiež môže nahnevať, keď ho ľudia bez príčiny neznášajú, alebo ak niečo nie je urobené podľa jeho pokynov alebo požiadaviek; alebo keď ho ľudia preklínajú, či urážajú.

Predtým, než sa ľudia nahnevajú, majú najprv zlé pocity v srdci. Slová a skutky ostatných ľudí stimulujú tieto ich pocity. Nakoniec tento nervózny pocit prepukne v hnev. Tento zlý pocit je zvyčajne prvým krokom k nahnevaniu. Ak sa nahneváme, nemôžeme žiť v Božej láske a náš duchovný rast je vážne narušený.

Nemôžeme sa zmeniť v pravde dovtedy, dokedy budeme mať zlé pocity a musíme prestať s rozčúlením a zbaviť sa hnevu. 1 Kor 3, 16 hovorí: „Neviete, že ste Boží chrám, a že vo vás prebýva Boží Duch?"

Uvedomme si, že naše srdce je chrámom Ducha Svätého a Boh nás neustále sleduje, a preto by sme sa nemali rozčúliť len preto, že niečo nie je v súlade s našimi myšlienkami.

Hnev človeka nedosiahne spravodlivosti pred Bohom

Elizeus dostal dvojitú porciu ducha jeho učiteľa Eliáša a uskutočnil aj viac diel Božej moci. Neplodnej žene dal požehnanie počatia; vzkriesil mŕtveho človeka; uzdravoval malomocných a porazil nepriateľské vojsko. Zmenil nepitnú vodu na pitnú tým, že v nej rozpustil soľ. Avšak, zomrel na chorobu, čo bolo pre veľkého Božieho proroka zriedkavé.

Čo to mohlo spôsobiť? Dôvodom bola udalosť, ku ktorej došlo, keď bol na ceste do Bételu. Skupina chlapcov vybehla z mesta a posmievali sa mu, pretože nemal veľa vlasov ani pekný vzhľad. „Hore sa, plešivec, hore sa, plešivec!" (2 Kr 2, 23)

Nenasledovali ho len dvaja chlapci, ale mnoho a posmievali sa mu, a tak bol v rozpakoch. Radil im aj vynadal im, ale oni ho nepočúvali. Boli takí tvrdohlaví v obťažovaní proroka, že to Elizeus už napokon nedokázal zniesť.

Bétel bol po rozdelení národa niečo ako domáca pôda modloslužobníctva v severnom Izraeli. Chlapci v tejto oblasti mali v dôsledku modloslužobníctva zatvrdené srdce. Možno mu zablokovali cestu, pľuli na neho alebo do neho dokonca hádzali kamene. Elizeus ich nakoniec preklial. Z neďalekého lesa vybehli dve medvedice a usmrtili štyridsiatich dvoch z nich.

Samozrejme, že si to spôsobili sami tým, že priveľmi zosmiešňovali Božieho muža, ale to dokazuje, že Elizeus mal zlé pocity. To, že zomrel v dôsledku choroby, nie je nepodstatné. Vidíme, že nie je správne, aby sa Božie deti rozčuľovali. „Lebo človek nedosiahne spravodlivosti pred Bohom" (Jak 1, 20).

Nerozčúliť sa

Čo musíme robiť, aby sme sa nenahnevali? Máme to potlačiť sebaovládaním? Keď silne zatlačíme na pružinu, dostane veľkú silu a vyskočí v okamihu, keď z nej vezmeme ruku. Je to rovnaké s nahnevaním sa. Ak budeme hnev len stláčať, môžeme sa vyhnúť konfliktu v danej chvíli, ale skôr či neskôr nakoniec vybuchneme. Preto, aby sme sa nerozčúlili, musíme sa zbaviť samotného pocitu hnevu. Nemali by sme ho len potláčať, ale zmeniť ho na dobrotu a lásku, a tak nebudeme musieť nič potláčať.

Samozrejme, nemôžeme zo dňa na deň odhodiť všetky zlé pocity a nahradiť ich dobrotou a láskou. Musíme sa neprestajne snažiť každý deň. Spočiatku musíme rozčuľujúcu situáciu nechať na Boha a byť trpezliví. Hovorí sa, že v pracovni Thomasa Jeffersona, tretieho prezidenta Spojených štátov, bolo napísané: „Keď sa nahneváš, napočítaj do desať predtým, ako prehovoríš; ak sa veľmi nahneváš, napočítaj do sto." Kórejské príslovie hovorí, že „trojnásobná trpezlivosť predíde vražde."

Keď sa nahneváme, mali by sme ustúpiť a premýšľať nad tým, aké výhody nám prinesie hnev. Potom neurobíme nič, čo by sme ľutovali, alebo za čo by sme sa hanbili. Keď sa snažíme byť trpezliví modlitbami a za pomoci Ducha Svätého, čoskoro sa zbavíme samotného zlého pocitu hnevu. Ak sme sa predtým nahnevali desaťkrát, počet sa zníži na deväť, potom osem, a tak ďalej. Neskôr budeme cítiť len pokoj aj v rozčuľujúcej situácii. Akí budeme potom šťastní!

Prís 12, 16 hovoria: „Blázon hneď prejavuje svoju nevôľu, opatrný však tají (svoju) príkoru." A Prís 19, 11 hovoria: „Rozumnosť krotí v človekovi jeho hnev a je mu na česť, že sa vie povzniesť nad previnením."

„Hnev" je veľmi blízky „nebezpečenstvu". Možno sme schopní si uvedomiť, aké nebezpečné je nahnevať sa. Konečný víťaz bude ten, kto vytrvá. Niektorí ľudia sa sebaovládajú iba v situáciách, ktoré ich môžu nahnevať v kostole, ale ľahko sa nahnevajú doma, v školách alebo na pracoviskách. Ale Boh nie je len v kostole.

On vie, kedy sedíme a stojíme a pozná každé slovo, ktoré vyslovíme a každú myšlienku, ktorú máme. On nás všade pozoruje a Duch Svätý prebýva v našom srdci. Preto musíme žiť tak, ako keby sme celú dobu stáli pred Bohom.

Istý manželský pár sa hádal a nahnevaný muž kričal na svoju ženu, aby zavrela ústa. Bola taká prekvapená, že až do smrti už viac neotvorila ústa, aby znovu prehovorila. Manžel, ktorý mal pred manželkou takýto záchvat hnevu, trpel rovnako ako manželka. Rozčúlenie môže spôsobiť utrpenie mnohým ľuďom, a preto by sme sa mali usilovať o to, aby sme sa zbavili všetkých druhov zlých pocitov.

9. Láska nemyslí na zlé

Pri vykonávaní mojej služby som sa stretol s rôznymi ľuďmi. Niektorí ľudia cítia Božiu lásku už len pri pomyslení na Neho a začnú roniť slzy, zatiaľ čo iní majú v srdciach problémy, pretože v nich necítia hlbokú Božiu lásku, aj keď v Neho veria a milujú Ho.

Miera, do akej cítime Božiu lásku, závisí od miery, do akej sa zbavíme hriechov a zla. Do tej miery, do akej žijeme podľa Božieho slova a odstránime zo svojho srdca zlo, môžeme cítiť Božiu lásku hlboko v našom srdci bez zastavenia rastu našej viery. Niekedy sa môžeme v pochode viery stretnúť s ťažkosťami, ale vtedy musíme mať na pamäti Božiu lásku, ktorá na nás neustále čaká. Kým máme na pamäti Jeho lásku, nebudeme myslieť na zlé.

Myslieť na zlé

Dr. Archibald D. Hart, bývalý dekan školy School of psychology at Fuller Theological Seminary, vo svojej knihe Uzdravenie skrytých závislostí života (Healing Life's Hidden Addictions) povedal, že v Amerike trpí každý stvrtý mladý človek vážnou depresiou, a že depresia, drogy, sex, internet, alkohol a fajčenie ničia životy mladých ľudí.

Keď závislí ľudia prestanú užívať látky, ktoré ovplyvňujú myslenie, cítenie a správanie, zostane im len málo, ak vôbec nejaké, schopností zvládnuť život. Zavislý človek sa môže obrátiť k inému návykovému správaniu, ktoré môže ovládať chémiu mozgu ako forma úniku. Tieto návykové správania môžu zahŕňať sex, lásku a vzťah (SLV). Z ničoho nedokážu získať skutočné uspokojenie a nedokážu cítiť ani milosť a radosť, ktoré pochádzajú zo vzťahu s Bohom, a preto sú podľa Dr. Harta vážne chorí. Závislosť je snaha získať uspokojenie z iných vecí ako z milosti a radosti dávaných Bohom a je to výsledok ignorovania Boha. Závislí človek myslí neustále na zlé.

Čo znamená myslieť na zlé? Týka sa to všetkého zlého, čo nie je v súlade s Božou vôľou. Myslieť na zlé môžeme všeobecne rozdeliť na tri druhy.

Prvým je vaša myšlienka, keď si želáte, aby sa ostatným nedarilo.

Napríklad, povedzme, že ste sa s niekým pohádali. Potom ho tak veľmi nenávidíte, že si pomyslíte: „Keby sa tak potkol a padol." Povedzme tiež, že ste nemali dobré vzťahy so susedom a stalo sa mu niečo zlé. Potom si pomyslíte: „Tak mu treba!" alebo „Vedel som, že sa to stane!" V prípade študentov môže nejaký študent chcieť, aby jeho spolužiak neurobil dobre skúšku.

Ak v sebe máte pravú lásku, nikdy nebudete myslieť na také zlé veci. Chceli by ste, aby vaše drahí ochoreli alebo mali nehodu? Chcete, aby vaša drahá manželka alebo manžel boli vždy zdraví a vyhli sa akýmkoľvek nehodám. Vzhľadom k tomu, že nemáme v srdci lásku, chceme, aby sa ostatným nedarilo a radujeme sa z nešťastia druhých.

Ak chceme poznať priestupky alebo slabé stránky ostatných ľudí a šíriť ich ďalej, nemáme v sebe lásku. Predpokladajme, že ste išli na schôdzku a niekto tam hovoril o niekom niečo zlé. Ak vás takýto rozhovor zaujme, mali by ste sa pozrieť do svojho srdca. Ak by niekto ohováral vašich rodičov, počúvali by ste ich? Povedali by ste im, aby ihneď prestali.

Samozrejme, v niektorých prípadoch musíte poznať situáciu druhých, pretože im chcete pomôcť. Ale ak to nie je tento prípad, a ak chcete počúvať zlé veci o druhých, je to preto, že máte túžbu po ohováraní a klebetení. „Kto zatajuje previnenie, ten sa usiluje lásku (zachovať), kto ďalej o ňom rozpráva, ten odpudzuje priateľov" (Prís 17, 9).

Tí, ktorí sú dobrí a majú v srdci lásku, budú sa snažiť skryť chyby druhých. Tiež, ak máme duchovnú lásku, nebudeme žiarliť a závidieť, keď sa ostatným bude dariť. Budeme chcieť len to, aby sa im darilo a ostatní ich milovali. Pán Ježiš nám povedal, aby sme milovali aj svojich nepriateľov. Aj Rim 12, 14 hovorí: „Žehnajte tých, čo vás prenasledujú – žehnajte a nepreklínajte!"

Druhým aspektom zlých myšlienok sú myšlienky súdenia a odsudzovania druhých.

Predpokladajme, napríklad, že ste videli nejakého veriaceho ísť na miesto, kde by veriaci človek nemal ísť. Aký druh myšlienok by ste potom mali? Môžete mať na neho negatívny názor do tej miery, do akej v sebe máte zlo a pomyslíte si: „Ako môže robiť niečo také?" Alebo ak máte v sebe nejakú dobrotu, môžete si pomyslieť: „Prečo by išiel na také miesto?", ale potom zmeníte svoje myšlienky a pomyslíte si, že na to musel mať nejaký dôvod.

Ale ak máte v srdci duchovnú lásku, nebudete mať žiadny druh zlých myšlienok. Aj keď budete počuť niečo, čo nie je dobré, nebudete súdiť alebo odsudzovať takého človeka, kým nezistíte skutočnosť. Ako reagujú vo väčšine prípadov rodičia, keď počujú o svojich deťoch nejaké zlé veci? Nepripustia to ľahko, ale trvajú na tom, že ich deti by niečo také nikdy neurobili. Budú si myslieť, že človek, ktorý im to hovorí, je zlý. A rovnako, ak niekoho skutočne milujete, budete sa snažiť myslieť si o ňom len to najlepšie.

Ale v dnešnej dobe vidíme, ako si ľudia myslia o druhých len to zlé a s ľahkosťou o nich hovoria zlé veci. Nedeje sa to len v osobných vzťahoch, ale tiež kritizujú tých, ktorí sú vo verejných funkciách.

Vôbec sa nesnažia vidieť celý obraz o tom, čo sa skutočne stalo, a aj napriek tomu šíria nepodložené fámy. V dôsledku agresívnych odpovedí na internete niektorí ľudia dokonca spáchajú samovraždu. Jednoducho súdia a odsudzujú ostatných na základe vlastných noriem a nie Božím slovom. Ale čo je dobrá vôľa Boha?

Jak 4, 12 nás varuje: „Jeden je zákonodarca a sudca, ktorý môže spasiť i zahubiť. Ale kto si ty, že súdiš blížneho?"

Iba Boh môže naozaj súdiť. Konkrétne, Boh nám hovorí, že súdiť blížneho je zlé. Predpokladajme, že niekto vykonal niečo zlé. V tejto situácii pre tých, ktorí majú duchovnú lásku, nie je dôležité, či táto osoba konala správne alebo nie. Mysleli by len na to, čo je pre danú osobu skutočným prínosom. Chcú len to, aby sa duši tohto človeka darilo, a aby bol milovaný Bohom.

Okrem toho, dokonalá láska nie je len zakrytie priestupku, ale tiež pomoc inému človeku konať pokánie. Mali by sme byť schopní učiť pravdu a dotknúť sa srdca človeka tak, aby mohol kráčať správnou cestou a zmeniť sa. Ak máme dokonalú duchovnú lásku, nemusíme sa snažiť pozerať na človeka s dobrotou. Prirodzene budeme milovať aj človeka, ktorý sa dopustil mnohých prehreškov. Iba mu budeme chcieť veriť a pomôcť. Ak nemáme žiadne myšlienky súdenia alebo odsudzovania ostatných, budeme šťastní s každým človekom, ktorého stretneme.

Tretím aspektom sú všetky myšlienky, ktoré nie sú v súlade s Božou vôľou.

Nielen mať nejaké zlé myšlienky o druhých ľuďoch, ale tiež mať nejakú myšlienku, ktorá nie je v súlade s Božou vôľou, je zlou myšlienkou. O ľuďoch, ktorí žijú nasledovaním morálnych noriem a svedomia, hovorí sa, že žijú v dobrote.

Ale ani morálka, ani svedomie nemôžu byť absolútnou normou dobroty. Obidva majú toho veľa, čo je v rozpore s Božím slovom alebo je jeho úplnym opakom. Iba Božie slovo môže byť absolútnou normou dobroty.

Tí, ktorí prijímajú Pána, priznávajú, že sú hriešnici. Ľudia sa môžu pýšiť tým, že žijú dobrý a morálny život, ale podľa Božieho slova sú aj naďalej zlí a hriešni. Je to preto, že všetko, čo nie je v súlade s Božím slovom, je zlo a hriech a Božie slovo je jedinou absolútnou normou dobroty (1 Jn 3, 4).

Aký je teda rozdiel medzi hriechom a zlom? V širšom slova zmysle, hriech aj zlo sú nepravdou, ktorá je proti pravde, čiže Božiemu slovu. Sú temnotou, ktorá je opakom Boha, ktorý je

Svetlo.

Ale ak sa na nich pozrieme podrobnejšie, zistíme, že sa navzájom dosť líšia. Ak ich porovnáme so stromom, tak „zlo" je koreň, ktorý je v zemi a nie je ho vidieť, a „hriech" sú konáre, listy a plody.

Bez koreňa strom nemôže mať konáre, listy alebo plody. Podobne, hriech je uskutočnený v dôsledku zla. Zlo je podstata, ktorá sa nachádza v srdci človeka. Je to podstata, ktorá odporuje dobrote, láske a pravde Boha. Keď sa toto zlo prejaví v určitej forme, nazývame ho hriechom.

Ježiš povedal: „Dobrý človek vynáša z dobrého pokladu svojho srdca dobro a zlý človek zo zlého vynáša zlo. Veď z plnosti srdca hovoria jeho ústa" (Lk 6, 45).

Predpokladajme, že nejaký človek hovorí niečo, čo zraňuje niekoho, koho nenávidí. To sa deje vtedy, keď je zlo v srdci prejavené ako „nenávisť" a „zlé slová", ktoré sú špecifickými hriechmi. Hriech je uskutočnený a určený v súlade s normou s názvom Božie slovo, ktoré je prikázaním.

Bez zákona nemôže nikto nikoho potrestať, pretože neexistuje žiadna norma v rozlišovaní a úsudku. Podobne, hriech je odhalený, pretože je v rozpore s normou Božieho slova. Hriech môžeme rozdeliť na telesné veci a skutky tela. Telesné veci sú hriechy spáchané v srdci a myšlienkami, ako je nenávisť, závisť, žiarlivosť, cudzoložná myseľ, zatiaľ čo skutky tela sú hriechy spáchané skutkom, ako sú hádky, záchvat hnevu alebo vražda.

Je to trochu podobné s hriechmi a zločinmi tohto sveta, ktoré sú tiež rozdelené na rôzne hriechy. Napríklad, v závislosti na tom, voči komu bol trestný čin spáchaný, môže to byť voči národu, ľuďom alebo jednotlivcovi.

Ale aj keď človek má v srdci zlo, nie je isté, že v budúcnosti spácha hriech. Ak počúva Božie slovo a má sebakontrolu, môže sa vyhnúť páchaniu hriechov, aj keď v srdci má nejaké zlo. V tejto fáze môže byť spokojný sám so sebou, mysliac si, že už dosiahol posvätenie, pretože nepácha viditeľné hriechy.

Ale na úplné posvätenie sa musíme zbaviť zla, ktoré sa nachádza v našej prirodzenosti, ktorá je v hĺbke nášho srdca. V prirodzenosti je obsiahnuté zlo zdedené po našich rodičoch. Zvyčajne sa neprejavuje v bežných situáciách, ale vyjde na povrch v extrémnej situácii.

Kórejské príslovie hovorí: „Každý preskočí susedov plot, ak tri dni hladoval." Je to rovnaké ako „nutnosť neuznáva žiadny zákon." Kým sa úplne neposvätíme, zlo, ktoré bolo ukryté, môže byť v extrémnej situácii odhalené.

Výkaly múch sú exkrementami, aj keď sú veľmi malé. A rovnako, všetky veci, ktoré nie sú dokonalé v očiach dokonalého Boha, sú formami zla, aj keď nie sú hriechmi. To je dôvod, prečo 1 Tes 5, 22 hovorí: „Chráňte sa zla v akejkoľvek podobe!"

Boh je láska. Zjednodušene povedané, Božie prikázania môžu byť stlačené do „lásky". Konkrétne to znamená, že nemilovať je zlo a bezprávie. Preto, aby sme zistili, či myslíme na zlé, môžeme premýšľať nad tým, koľko lásky máme v sebe. Do akej miery milujeme Boha a ďalšie duše, do takej miery nebudeme myslieť na zlé.

„A toto je jeho prikázanie: aby sme verili v meno jeho Syna Ježiša Krista a milovali jeden druhého, ako nám prikázal" (1 Jn 3, 23).

„Láska nerobí zle blížnemu; teda naplnením zákona je láska" (Rim 13, 10).

Nemyslieť na zlé

Nemyslieť na zlé znamená nepozerať ani nepočúvať zlé veci. Aj keď sme náhodou niečo videli alebo počuli, mali by sme sa snažiť zabudnúť to alebo na to znova nemyslieť. Nesmieme sa snažiť si to zapamätať. Samozrejme, niekedy nie sme schopní ovládať vlastné myšlienky. Myšlienka sa môže zintenzívniť, keď sa snažíme na to nemyslieť. Ale keď sa modlitbou neustále snažíme nemať zlé myšlienky, Duch Svätý nám pomôže. Nesmieme nikdy úmyselne vidieť, počuť alebo myslieť na zlé veci, a taktiež, mali by sme odhodiť aj tie chvíľkové myšlienky v našej mysli.

Nesmieme sa podieľať ani na žiadnom zlom skutku. 2 Jn 1, 10-11 hovorí: „Ak niekto prichádza k vám a neprináša toto učenie, neprijímajte ho do domu, ani ho nepozdravujte. Lebo kto ho pozdraví, má účasť na jeho zlých skutkoch." Hovorí to o tom, že Boh nám radí, aby sme sa vyhýbali zlu a neprijali ho.

Ľudia dedia hriešnu prirodzenosť po rodičoch. Počas ich života na tomto svete prichádzajú do styku s mnohými nepravdami. Na základe tejto hriešnej prirodzenosti a neprávd si človek buduje osobný charakter alebo „ja". Kresťanský život znamená odhodiť tieto hriešne prirodzenosti a nepravdy hneď, ako sme prijali Pána. Na odhodenie tejto hriešnej prirodzenosti a nepravdy potrebujeme veľa trpezlivosti a úsilia. Pretože žijeme na tomto svete, poznáme nepravdu viac ako pravdu. Je relatívne ľahšie prijať nepravdu a uložiť ju v sebe, ako sa jej zbaviť. Napríklad, je ľahké ušpiniť biele šaty čiernym atramentom, ale je veľmi ťažké tieto škvrny odstrániť a urobiť šaty takými bielymi, ako boli predtým.

A aj keď to vyzerá ako veľmi malé zlo, môže v jedinom okamihu prerásť do veľkého zla. Rovnako ako hovorí Gal 5, 9: „Trochu kvasu prekvasí celé cesto," trochu zla sa môže veľmi rýchlo rozšíriť medzi mnohých ľudí. Preto musíme byť opatrní aj s malým množstvom zla. Aby bolo možné nemyslieť na zlo, musíme ho nenávidieť, a pritom nemať o ňom žiadne druhotné myšlienky. Boh nám prikazuje: „Vy, čo milujete Pána, majte zlo v nenávisti" (Ž 97, 10) a učí nás: „Bázeň pred Pánom je nenávidieť zlo" (Prís 8, 13).

Ak niekoho vášnivo milujete, budete mať radi to, čo má rád dotyčný človek a nebudete mať radi to, čo nemá rád on. Nepotrebujete na to žiadny dôvod. Keď Božie deti, ktoré dostali dar Ducha Svätého, páchajú hriechy, Duch Svätý v nich stoná. Preto v srdciach pociťujú utrpenie. Potom si uvedomia, že Boh nenávidí veci, ktoré vykonali a snažia sa znova nespáchať hriech. Je dôležité pokúsiť sa odhodiť aj malé formy zla a neprijať žiadne ďalšie zlo.

Potreba Božieho slova a modlitby

Zlo je veľmi zbytočná vec. Prís 22, 8 hovoria: „Kto seje neprávosť, ten bude skazu žať, prút jeho prchkosti sa pominie." Nás alebo naše deti môžu postihnúť choroby alebo môžeme čeliť nehodám. Môžeme žiť v smútku kvôli chudobe a rodinným problémom. Všetky tieto problémy pochádzajú zo zla.

„Nemýľte sa: Boh sa vysmievať nedá. Čo človek zaseje, to bude aj žať" (Gal 6, 7).

Problémy nemusia byť viditeľné okamžite. Ak sa v tomto prípade nahromadí zlo do istej miery, môže dokonca spôsobiť problémy, ktoré neskôr ovplyvnia naše deti. Vzhľadom k tomu, že svetskí ľudia nechápu tento druh zákona, konajú mnoho zlých vecí rôznymi spôsobmi.

Napríklad, považujú za prirodzené pomstiť sa tým, ktorí im spôsobili škodu. Ale Prís 20, 22 hovoria: „Nehovor: ‚Ja sa za zlé vypomstím!' (Len) dúfaj v Pána a pomôže ti."
Boh riadi život, smrť, šťastie a nešťastie ľudstva na základe Jeho spravodlivosti. Preto, ak budeme konať dobro podľa Božieho slova, určite zožneme ovocie dobroty. Presne ako je prisľúbené v Ex 20, 6: „Milosrdenstvo však preukazuje až do tisíceho pokolenia tým, čo ma milujú a zachovávajú moje príkazy."

Aby sme sa vyhli zlu, musíme nenávidieť zlo. A navyše, musíme mať neustále v bohatej ponuke dve veci. A to, Božie slovo a modlitbu. Keď dňom i nocou meditujeme nad Božím slovom, môžeme zahnať zlé myšlienky a mať len duchovné a dobré myšlienky. Budeme schopní pochopiť, aký druh skutku je skutok pravej lásky.

Taktiež, keď sa modlíme, meditujeme nad slovom ešte hlbšie, a tak si môžeme uvedomiť zlo v našich slovách a skutkoch. Keď sa za pomoci Ducha Svätého vrúcne modlíme, budeme schopní premôcť zlo a odhodiť ho z našich sŕdc. Preto rýchlo Božím slovom a modlitbou odhoďme zlo, aby sme mohli žiť život plný šťastia.

10. Láska sa neteší z neprávosti

Čím viac je rozvinutá spoločnosť, tým väčšiu šancu majú na úspech čestní ľudia. Naopak, menej rozvinuté krajiny majú tendenciu mať viac korupcií, a takmer všetko je možné dosiahnuť alebo vykonať peniazmi. Korupcia sa nazýva chorobou národov, pretože závisí od prosperity krajiny. Korupcia a neprávosti tiež vo veľkej miere ovplyvňujú životy jednotlivcov. Sebeckí ľudia nemôžu dosiahnuť pravú spokojnosť, pretože myslia len na seba a nedokážu milovať ostatných.

Netešiť sa z neprávosti a nemyslieť na zlé sú dosť podobné. „Nemyslieť na zlé" znamená nemať v srdci žiadnu formu zla. „Netešiť sa z neprávosti" znamená netešiť sa z hanebného alebo nemravného konania alebo správania a nezúčastňovať sa ho.

Predpokladajme, že žiarlite na priateľa, ktorý je bohatý. Nemáte ho radi, pretože máte pocit, že sa vždy chváli jeho bohatstvom. Tiež si myslíte niečo ako toto: „On je taký bohatý, a čo ja? Dúfam, že skrachuje." Toto znamená myslieť na zlé veci. Ale jedného dňa ho niekto podvedie a jeho firma zo dňa na deň skrachuje. Ak sa budete z toho tešiť, premýšľajúc: „Vychvaľoval sa svojím bohatstvom, tak mu treba!", potom to znamená tešiť sa z neprávosti alebo byť s neprávosťou spokojný. Navyše, ak sa budete zúčastňovať na tomto druhu skutku, znamená to aktívne sa tešiť z neprávosti.

Vo všeobecnosti existuje neprávosť, o ktorej aj neveriaci vedia, že je to neprávosť. Napríklad, niektorí ľudia si nečestne hromadia bohatstvo podvádzaním alebo vyhrážaním sa ostatným. Človek môže porušovať predpisy alebo zákony krajiny a prijať niečo výmenou za jeho osobný zisk. Ak sudca vydá v dôsledku úplatku nespravodlivý trest a nevinný človek je potrestaný, je to neprávosť z pohľadu každého človeka. Je to zneužitie autority sudcu.

Keď niekto niečo predáva, môže podvádzať v objeme alebo kvalite. Môže používať lacné a nekvalitné suroviny, aby získal nespravodlivý profit. Takí ľudia neberú ohľad na druhých, starajú sa len o svoje krátkodobé výhody. Vedia, čo je správne, ale neváhajú podvádzať ostatných, pretože sa tešia z nespravodlivých peňazí. V skutočnosti existuje mnoho ľudí, ktorí podvádzajú ostatných za účelom získania nespravodlivých ziskov. Ale čo my? Môžeme povedať, že sme čistí?

Predpokladajme, že sa stalo niečo také, ako v nasledujúcom prípade. Ste civilným pracovníkom a dozvedeli ste sa, že jeden z vašich blízkych priateľov nelegálnym spôsobom zarába veľké množstvo peňazí. Keď bude prichytený, bude tvrdo potrestaný. Tento priateľ vám dáva veľké množstvo peňazí, aby ste mlčali a chvíľu to ignorovali. Hovorí, že vám neskôr dá ešte viac peňazí. V tej dobe je vaša rodina v núdzi a potrebuje také veľké množstvo peňazí. Čo by ste robili?

Predstavme si inú situáciu. V jeden deň ste si skontrolovali bankový účet a mali by ste tam viac peňazí, ako ste si mysleli, že máte. Zistili by ste, že suma, ktorá mala byť prevedená ako daň, nebola stiahnutá. Ako by ste v takom prípade reagovali? Tešili by ste sa, mysliac si, že je to ich chyba a nie je to vaša zodpovednosť?

2 Krn 19, 7 hovorí: „Nech vás preniká bázeň pred Pánom!

Postupujte opatrne, lebo u Pána, nášho Boha, niet nespravodlivosti ani uprednostňovania, ani úplatkárstva." Boh je spravodlivý; niet v Ňom žiadnej neprávosti. Môžeme sa skryť pred pohľadmi ľudí, ale Boha nemôžeme podviesť. Preto už len v dôsledku strachu z Boha musíme s úprimnosťou kráčať správnou cestou.

Zoberme si prípad Abraháma. Keď bol jeho synovec zajatý v boji v Sodome, Abrahám vyslobodil nielen svojho synovca, ale aj ľudí, ktorí boli spolu s ním zajatí a ich majetok. Kráľ Sodomy chcel ukázať svoju vďačnosť tým, že chcel Abrahámovi vrátiť niektoré z vecí, ktoré kráľovi priniesol, ale Abrahám to domietol.

Abrahám odvetil sodomskému kráľovi: „K Pánovi, najvyššiemu Bohu, Stvoriteľovi neba a zeme, dvíham svoju ruku, že nevezmem ani nitku či remienok z obuvi, vôbec nič z toho, čo je tvoje, aby si nepovedal: ,Ja som urobil Abraháma bohatým!'" (Gn 14, 22-23)

Keď zomrela jeho manželka Sára, majiteľ pozemku mu chcel darovať pohrebisko, no on ho neprijal. Ale zaplatil zaň spravodlivú cenu. Bolo to preto, aby v budúcnosti nedošlo k žiadnemu sporu o pozemok. Urobil to, čo urobil, pretože bol čestným človekom; nechcel žiadny nezaslúžený alebo nespravodlivý zisk. Ak by túžil po peniazoch, mohol sa snažiť len o to, čo bolo výhodné pre neho.

Tí, ktorí milujú Boha a sú Bohom milovaní, nikdy nikomu neublížia ani nehľadajú vlastné výhody porušovaním zákona krajiny. Nečakajú nič viac ako to, čo si zaslúžia za ich poctivú prácu. Tí, ktorí sa tešia z neprávosti, nemilujú Boha ani svojich blížnych.

Neprávosť v Božích očiach

Neprávosť v Pánovi je trochu odlišná od neprávosti vo všeobecnom slova zmysle. Nezahŕňa len porušovanie zákona a spôsobenie škody ostatným, ale každý a akýkoľvek hriech, ktorý je v rozpore s Božím slovom. Keď sa zlo v srdci prejaví určitým spôsobom navonok, je to hriech, a to je neprávosť. Spomedzi mnohých hriechov sa najmä neprávosť vzťahuje na telesné skutky.

Konkrétne, nenávisť, závisť, žiarlivosť a ďalšie zlá v srdci sú uskutočnené v skutku ako hádky, konflikty, násilie, podvod alebo vražda. Biblia nám hovorí, že ak budeme konať neprávosti, bude pre nás ťažké získať spásu.

1 Kor 6, 9-10 hovorí: „Alebo neviete, že nespravodliví nezdedia Božie kráľovstvo? Nemýľte sa, ani smilníci, ani modloslužobníci, ani cudzoložníci, ani zženštilí, ani homosexuáli, ani zlodeji, ani chamtivci, ani opilci, ani rúhaví, ani podvodníci, nezdedia Božie kráľovstvo."

Akan je jedným z ľudí, ktorí milovali neprávosť, ktorá ho doviedla k jeho smrti. Patril k druhej generácii exodusu a od detstva videl a počul o tom, čo Boh urobil pre svoj ľud. Videl oblačný stĺp vodne a ohnivý stĺp v noci, ktorý ich viedol. Videl, ako bol prúd rieky Jordán zastavený a nedobytné mesto Jericho v okamihu premožené. Tiež veľmi dobre vedel o príkaze vodcu Jozuu, že nikto nesmie vziať nič z vecí, ktoré boli v meste Jericho, pretože mali byť ponúknuté Bohu.

Ale akonáhle zbadal v Jerichu veci, kvôli jeho chamtivosti stratil rozum. Po dlhom biednom živote v divočine vyzerali veci v meste veľmi krásne. V okamihu, keď zbadal kabát a kúsky zlata a striebra, zabudol na Božie slovo a Jozuov príkaz a schoval si ich pre seba.

Kvôli tomuto Akanovmu hriechu porušenia Božieho príkazu Izrael utrpel v nasledujúcom boji mnoho strát. Skrze tieto straty bola odhalená Akanova neprávosť a spolu s jeho rodinou bol ukameňovaní na smrť. Kamene vytvorili hromadu, a toto miesto sa nazýva údolie Áchor.

Tiež sa môžeme pozrieť na Nm 22-24. Balám bol človek, ktorý sa rozprával s Bohom. Jedného dňa ho Balák, moábsky kráľ, požiadal, aby preklial ľud Izraela. A tak Boh povedal Balámovi: „Nesmieš s nimi ísť! Nesmieš prekliať ten ľud, lebo je požehnaný!" (Nm 22, 12)

Po vypočutí Božieho slova Balám odmietol odpovedať na žiadosť moábskeho kráľa. Ale keď mu kráľ poslal zlato, striebro a ďalšie poklady, jeho myseľ bola otrasená. Nakoniec boli jeho oči zaslepené pokladom a kráľovi poradil nastaviť synom Izraela pascu. Aký bol výsledok? Izraeliti jedli jedlo obetované modlám a dopustili sa cudzoložstva, čím na seba privolali veľké súženie a Balám bol nakoniec usmrtený mečom. To bol výsledok lásky k nespravodlivému zisku.

V Božích očiach súvisí neprávosť priamo so spásou. Ak vidíme, ako naši bratia a sestry vo viere konajú v neprávosti ako neveriaci sveta, čo by sme mali urobiť? Musíme pre nich smútiť, modliť sa za nich a pomôcť im žiť podľa Slova. Ale niektorí veriaci závidia tým ľuďom, premýšľajúc: „Aj ja chcem viesť jednoduchší a pohodlnejší kresťanský život ako oni." Ak sa však k nim pridáte, nemôžeme povedať, že milujete Pána.

Ježiš, aj keď bol nevinný, zomrel, aby priviedol nás, ktorí sme nespravodliví, k Bohu (1 Pt 3, 18). Keď si uvedomíme túto veľkú lásku Pána, nikdy sa nesmieme tešiť z neprávosti. Tí, ktorí sa netešia z neprávosti, nielenže sa vyhnú konaniu neprávosti, ale aktívne žijú podľa Božieho slova. Potom sa môžu stať priateľmi Pána a žiť prosperujúci život (Jn 15, 14).

11. Láska sa raduje z pravdy

Ján, jeden z dvanástich Ježišových učeníkov, bol zachránený pred mučeníckou smrťou a žil až do svojej smrti vo vysokom veku šírením evanjelia Ježiša Krista a Božej vôle mnohým ľuďom. Jedna z vecí, z ktorej sa v posledných rokoch svojho života tešil, boli zvesti, že sa veriaci snažili žiť podľa Božieho slova – pravdy.

Povedal: „Lebo veľmi som sa zaradoval, keď prišli bratia a vydávali svedectvo o tvojej pravde, ako ty žiješ v pravde. Nemám väčšej radosti, ako keď počujem, že moje deti žijú v pravde" (3 Jn 1, 3-4).

Z výrazu, ktorý použil: „Veľmi som sa zaradoval," môžeme vidieť, aký bol radostný. Kedysi bol výbušný, dokonca ho nazývali synom hromu, keď bol mladý, ale keď sa zmenil, bol nazývaný apoštolom lásky.

Ak milujeme Boha, nebudeme konať neprávosť, a navyše, budeme konať v pravde. Tiež sa budeme radovať z pravdy. Pravda predstavuje Ježiša Krista, evanjelium a všetkých 66 kníh Biblie. Tí, ktorí milujú Boha a sú Ním milovaní, určite sa radujú s Ježišom Kristom a evanjeliom. Radujú sa, keď Božie kráľovstvo rastie. Čo teda znamená radovať sa z pravdy?

Po prvé, je to radovať sa s „evanjeliom".

„Evanjelium" je dobrou zvesťou, ktorá nám oznamuje, že sme

spasení skrze Ježiša Krista a vojdeme do nebeského kráľovstva. Mnohí ľudia hľadajú pravdu kladúc otázky ako: „Čo je zmyslom života? Aký život je vzácny?" Aby získali odpovede na tieto otázky, študujú názory a filozofiu, alebo sa snažia získať odpovede prostredníctvom rôznych náboženstiev. Ale pravda je Ježiš Kristus a bez Ježiša Krista nemôže do neba vojsť nikto. To je dôvod, prečo Ježiš povedal: „Ja som cesta, pravda a život. Nik nepríde k Otcovi, iba cezo mňa" (Jn 14, 6).

Prijatím Ježiša Krista získavame spásu a večný život. Všetky naše hriechy sú skrze Pánovu krv odpustené a sme presunutí z pekla do neba. Už chápeme zmysel života a žijeme plnohodnotný život. Keďže je to niečo veľmi prirodzené, radujeme sa s evanjeliom. Tí, ktorí sa radujú s evanjeliom, usilovne ho šíria aj k ostatným. Budú plniť Bohom dané povinnosti a verne pracovať na šírení evanjelia. Tiež sa radujú, keď nejaká duša počúva evanjelium a získa spásu prijatím Pána. Radujú sa, keď sa Božie kráľovstvo zväčšuje. „[Boh] chce, aby boli všetci ľudia spasení a poznali pravdu" (1 Tim 2, 4).

Ale niektorí veriaci žiarlia na ostatných, ktorí evanjelizujú mnohých ľudí a prinášajú veľa ovocia. Predstavení niektorých kostolov žiarlia na iné kostoly, keď rastú a vzdávajú Bohu slávu. Toto nie je radovať sa z pravdy. Ak v srdci máme duchovnú lásku, budeme sa radovať, keď vidíme Božie kráľovstvo dosiahnuté. Budeme sa spoločne radovať, keď vidíme kostol, v ktorom počet veriacich rastie a je Bohom milovaný. Toto je radovať sa z pravdy, čo znamená radovať sa s evanjeliom.

Po druhé, radovať sa z pravdy znamená radovať sa zo všetkého, čo patrí k pravde.

Je to radovať sa z vecí, vidieť, počuť a robiť veci, ktoré patria k pravde, ako je dobrota, láska a spravodlivosť. Tí, ktorí sa radujú z pravdy, sú dotknutí a ronia slzy, keď počujú o aj malých dobrých skutkoch. Vyznávajú, že Božie slovo je pravda a je sladšie ako med z plástov. Preto sa radujú z počúvania kázaní a z čítania Biblie. Okrem toho, radujú sa z dodržiavania Božieho slova. Radostne nasledujú Božie slovo, ktoré hovorí, aby sme „slúžili, chápali a odpúšťali" aj tým, ktorí nám spôsobujú ťažkosti.

Dávid miloval Boha a chcel postaviť Boží chrám. Ale Boh mu to nedovolil. Dôvod je napísaný v 1 Krn 28, 3. „Nebudeš stavať dom môjmu menu, lebo si muž bojovný a vylieval si krv!" Bolo nevyhnutné, aby Dávid prelial krv, pretože bojoval v mnohých vojnách, ale v Božích očiach Dávid nebol považovaný za vhodného pre túto úlohu.

Dávid nemohol postaviť chrám, preto pripravil všetok stavebný materiál, aby ho mohol postaviť jeho syn Šalamún. Dávid zo všetkých síl pripravil všetok materiál, a už len to ho urobilo ohromne šťastným. „Ľud sa radoval z dobrovoľných darov, lebo s veľkou ochotou srdca darovali Pánovi; aj Dávid sa veľmi radoval" (1 Krn 29, 9).

Podobne, tí, ktorí sa radujú z pravdy, radujú sa aj vtedy, keď sa darí ostatným ľuďom. Nie sú žiarliví. Je pre nich nepredstaviteľné myslieť na zlé veci, ako „v niečom by sa mu mohlo prestať dariť," alebo byť spokojní v dôsledku nešťastia iných ľudí. Keď vidia uskutočnenie niečoho nespravodlivého, sú z toho smutní. Taktiež tí, ktorí sa radujú z pravdy, sú schopní milovať s dobrotou, nemenným srdcom, pravdivosťou a čestnosťou. Radujú sa z dobrých slov a z dobrých skutkov. Boh sa z nich raduje výkrikmi radosti, ako je zaznamenané v Sof 3, 17: „Uprostred teba je Pán, tvoj Boh, spásonosný hrdina; zajasá nad tebou od radosti, obnoví svoju lásku, výskať bude od plesania."

Aj keď sa nemôžete nepretržite radovať z pravdy, nemusíte strácať odvahu alebo byť sklamaní. Ak sa snažíte zo všetkých síl, Boh lásky považuje aj toto úsilie za „radovanie sa z pravdy."

Po tretie, radovať sa z pravdy znamená veriť Božiemu slovu a snažiť sa ho dodržiavať.

Je zriedkavosťou nájsť človeka, ktorý sa môže od začiatku radovať iba z pravdy. Kým budeme mať v sebe tmu a nepravdu, môžeme myslieť na zlé veci alebo sa môžeme radovať z neprávosti. Ale keď sa pomaly zmeníme a odhodíme celé nepravdivé srdce, môžeme sa úplne radovať z pravdy. Do tej doby sa musíme veľa snažiť.

Napríklad, nie každý sa cíti šťastný, že musí chodiť na bohoslužby. Noví neveriaci alebo ľudia so slabou vierou môžu cítiť únavu alebo ich srdce môže byť niekde inde. Môžu premýšľať nad výsledkami basketbalu alebo môžu byť nervózni kvôli zajtrajšiemu obchodnému rokovaniu.

Ale skutok prísť do svätyne a zúčastniť sa bohoslužby je snaha počúvať Božie slovo. Je to radovanie sa z pravdy. Prečo sa snažíme týmto spôsobom? Aby sme získali spásu a išli do neba. Pretože sme počuli slovo pravdy a veríme v Boha, tiež sme presvedčení o poslednom súde, a že existuje nebo a peklo. Keďže vieme, že v nebi existujú rôzne odmeny, snažíme sa usilovnejšie sa posvätiť a byť verní v celom Božom dome. Aj keď sa neradujeme z pravdy na 100%, ak sa v našej miere viery snažíme zo všetkých síl, je to radovanie sa z pravdy.

Hlad a smäd po pravde

Radovať sa z pravdy by malo byť pre nás prirodzené. Len pravda nám dáva večný život a môže nás úplne zmeniť. Ak počujeme pravdu, teda evanjelium, a dodržiavame ju, získame večný život a staneme sa pravými Božími deťmi. Pretože sme naplnení nádejou na nebeské kráľovstvo a duchovnou láskou, naše tváre budú žiariť radosťou. Taktiež, do akej miery sme sa zmenili v pravdu, do takej miery budeme šťastní, pretože sme milovaní a požehnaní Bohom aj mnohými ľuďmi.

Mali by sme sa neustále radovať z pravdy, a tiež by sme mali mať hlad a smäd po pravde. Ak máte hlad a smäd, budete vrúcne túžiť jesť a piť. Keď túžime po pravde, musíme po nej vrúcne túžiť, aby sme sa mohli rýchlo zmeniť na človeka pravdy. Musíme žiť život neustáleho jedenia a pitia pravdy. Čo znamená jesť a piť pravdu? Znamená to dodržiavať Božie slovo, pravdu, vo svojom srdci a podľa neho aj konať.

Ak stojíme pred niekým, koho veľmi milujeme, je ťažké na

našej tvári skryť výraz šťastia. Je to rovnaké, keď milujeme Boha. Teraz ešte nie sme schopní postaviť sa pred Boha tvárou v tvár, ale ak Boha skutočne milujeme, bude to viditeľné aj navonok. To znamená, že ak budeme len vidieť a počuť niečo o pravde, budeme radostní a šťastní. Naše šťastné tváre nezostanú bez povšimnutia ľudí okolo nás. Budeme roniť slzy vďačnosti už len pri pomyslení na Boha a Pána a našich sŕdc sa dotknú aj malé skutky dobra.

Slzy, ktoré patria k dobrote, ako sú slzy vďačnosti a slzy smútku pre iné duše, neskôr sa premenia na krásne šperky ozdobujúce príbytky v nebi. Radujme sa z pravdy, aby bol náš život plný dôkazov, že sme Bohom milovaní.

Vlastnosti duchovnej lásky II

6. Nie je nehanebná

7. Nie je sebecká

8. Nerozčuľuje sa

9. Nemyslí na zlé

10. Neteší sa z neprávosti

11. Raduje sa z pravdy

12. Láska všetko znáša

Keď prijmeme Ježiša Krista a snažíme sa žiť podľa Božieho slova, existuje veľa vecí, ktoré musíme znášať. Musíme znášať situácie rozčúlenia. Musíme si tiež vybudovať sebakontrolu nad tendenciou nasledovať vlastné túžby. To je dôvod, prečo prvou vlastnosťou lásky je trpezlivosť.

Byť trpezlivý je boj, ktorý človek prežíva vo svojom vnútri, keď sa snaží odhodiť nepravdy v srdci. „Všetko znášať" má širší význam. Potom, čo sme si v srdci kultivovali pravdu skrze trpezlivosť, musíme znášať všetky bolesti spôsobené inými ľuďmi, ktoré nám môžu prísť do cesty. Vzťahuje sa to najmä na znášanie všetkého, čo nie je v súlade s duchovnou láskou.

Ježiš prišiel na túto zem, aby zachránil hriešnikov, a ako sa k Nemu správali ľudia? On konal len dobro, a aj napriek tomu sa Mu ľudia vysmievali, opovrhovali Ním a nevážili si Ho. Nakoniec Ho ukrižovali. Ale Ježiš to všetko od všetkých ľudí znášal a neustále sa za nich v modlitbách prihováral. Modlil sa za nich slovami: „Otče, odpusť im, lebo nevedia, čo robia" (Lk 23, 34).

Aký bol výsledok Ježišovho znášania všetkého a lásky k ľuďom? Každý, kto prijme Ježiša za svojho osobného Spasiteľa, môže získať spasenie a stať sa Božím dieťaťom. Boli sme oslobodení od smrti a získali sme večný život.

Kórejské príslovie hovorí: „Brúsiť sekeru dovtedy, až kým z nej nie je ihla." Znamená to, že s trpezlivosťou a vytrvalosťou môžeme vykonať akúkoľvek náročnú úlohu. Koľko času a úsilia by bolo treba na brúsenie oceľovej sekery, aby sme z nej urobili jednu ostrú ihlu? Rozhodne to vyzerá ako nemožná úloha, a tak si človek môže pomyslieť: „Prečo jednoducho nepredáte sekeru, aby ste si kúpili ihly?"

Ale Boh vzal na seba ochotne takú námahu, lebo On je pánom nášho ducha. Boh je zhovievavý a vždy je s nami trpezlivý, zľutováva sa nad nami a je k nám milosrdný len preto, že nás miluje. On obrusuje a leští ľudí, aj napriek tomu, že ich srdcia sú tvrdé ako oceľ. Čaká na každého človeka, až kým sa nestane Jeho pravým dieťaťom, aj keď sa zdá, že nemá šancu sa ním stať.

„Nalomenú trsť nedolomí, hasnúci knôtik nedohasí, kým neprivedie právo k víťazstvu" (Mt 12, 20).

Aj dnes Boh znáša všetky bolesti spôsobené skutkami ľudí a s radosťou na nás čaká. Je s ľuďmi trpezlivý, čaká, kým sa dobrotou nezmenia, aj keď už tisíce rokov konajú zlo. Aj keď sa Bohu obrátili chrbtom a slúžili modlám, Boh im ukázal, že On je ten pravý Boh a verne na nich čaká. Ak by Boh povedal: „Si plný nespravodlivosti a si beznádejný prípad. Už to s tebou nevydržím," koľko ľudí by bolo spasených?

Ako je uvedené v Jer 31, 3: „Láskou odvekou som ťa miloval, preto som ti zachoval priazeň." Boh nás vedie touto večnou, nekonečnou láskou.

Počas mojej služby pastora veľkého chrámu som bol do určitej miery schopný pochopiť túto Božiu trpezlivosť. Boli tam ľudia, ktorí mali v sebe mnoho neprávostí alebo mali mnoho nedostatkov, ale cítiac Božie srdce som sa vždy na ne pozeral očami viery, že sa jedného dňa zmenia a vzdajú slávu Bohu. Keďže som bol s nimi nepretržite trpezlivý a veril som v nich, mnohí členovia kostola sa stali dobrými vodcami.

Zakaždým čoskoro zabudnem na dobu, ktorú som strávil v trpezlivosti s nimi a mám pocit, že to bola len chvíľka. V 2 Pt 3, 8 je zaznamenané: „Toto jedno nech vám je, milovaní, zjavné: že u Pána je jeden deň ako tisíc rokov a tisíc rokov ako jeden deň" a bol som schopný pochopiť význam tohto verša. Boh veľmi dlhú dobu všetko znáša, a aj napriek tomu považuje tú dobu len za letmý okamih. Uvedomme si túto Božiu lásku a milujme ňou všetkých ľudí okolo nás.

13. Láska všetko verí

Ak niekoho skutočne milujete, budete mu veriť všetko. Aj v prípade, že má nejaké nedostatky, budete sa snažiť mu veriť. Manžel a manželka sú spojení láskou. Ak manželia nemajú lásku, to znamená, že si navzájom neveria, budú sa o všetkom hádať a budú mať pochybnosti vo všetkom, čo sa týka toho druhého. V závažných prípadoch majú halucinácie nevery a spôsobujú si navzájom fyzickú a psychickú bolesť. Ak sa skutočne navzájom milujú, navzájom si úplne dôverujú a veria, že ich partner je dobrý človek, a že sa mu nakoniec začne dariť. Potom, tak ako verili, ich manželia začnú v ich pracovnej oblasti vynikať alebo budú úspešní v tom, čo robia.

Dôvera a viera môžu byť normou na meranie sily lásky. Preto veriť Bohu úplne znamená úplne Ho milovať. Abrahám, otec viery, bol nazvaný Božím priateľom. Abrahám bez zaváhania poslúchol Boží príkaz, ktorý mu prikázal obetovať jeho jediného syna Izáka. Bol schopný to vykonať, pretože veril Bohu úplne. Boh videl túto Abrahámovu vieru a uznal jeho lásku.

Láska je veriť. Tí, ktorí úplne milujú Boha, tiež Mu úplne veria. Všetkým Božím slovám veria na 100%. A pretože všetkému veria, všetko znášajú. Aby sme boli schopní znášať všetko, čo je proti láske, musíme veriť. Konkrétne, iba vtedy, keď veríme všetkým Božím slovám, môžeme vo všetko dúfať a obrezať si srdce, aby sme dokázali odhodiť všetko, čo je proti láske.

Samozrejme, v užšom slova zmysle neznamená, že sme verili

Bohu, pretože sme Ho milovali od začiatku. Boh nás miloval ako prvý a na základe viery v túto skutočnosť sme začali milovať Boha. Ako nás Boh miloval? On veľkodušne dal svojho jednorodeného Syna za nás, ktorí sme boli hriešnikmi, aby sa otvorila cesta našej spásy.

Najprv sme začali milovať Boha preto, že sme uverili v túto skutočnosť, ale ak dosiahneme úplnú duchovnú lásku, dosiahneme úroveň, kedy budeme úplne veriť, pretože milujeme. Dosiahnuť úplnú duchovnú lásku znamená, že sme už zo srdca odvrhli všetku nepravdu. Ak v srdci nemáme nepravdu, zhora dostaneme duchovnú vieru, s ktorou môžeme veriť z hĺbky nášho srdca. Potom už nikdy nebudeme pochybovať o Božom slove a naša dôvera v Boha nemôže byť nikdy otrasená. Taktiež, ak dosiahneme úplnú duchovnú lásku, budeme veriť každému. Nie je to preto, že ľudia sú dôveryhodní, ale aj keď sú plní neprávostí a majú mnoho nedostatkov, budeme sa na nich pozerať očami viery.

Mali by sme byť ochotní veriť akémukoľvek človeku. A tiež musíme veriť v seba. Aj keď máme veľa nedostatkov, musíme veriť v Boha, ktorý nás premení a musíme sa na seba pozerať očami viery, že sa čoskoro zmeníme. Duch Svätý nám neustále v našom srdci hovorí: „Ty to dokážeš. Pomôžem ti." Ak uveríte tejto láske a vyznáte: „Dokážem to, môžem sa zmeniť," potom to Boh učiní podľa vášho vyznania a viery. Je krásne veriť!

Aj Boh v nás verí. Veril, že každý z nás spozná Božiu lásku a spozná cestu spásy. Pretože sa na nás všetkých pozeral očami viery, veľkodušne na kríži obetoval Jeho jednorodeného Syna Ježiša. Boh verí, že aj tí, ktorí Pána nepoznajú alebo v Neho ešte neveria, budú spasení a budú po pravici Boha. Verí, že tí, ktorí už prijali Pána, stanú sa takým druhom detí, ktoré sa na Boha veľmi podobajú. S touto Božou láskou verme akémukoľvek človeku.

14. Láska všetko dúfa

Hovorí sa, že nasledujúce slová sú napísané na jednom z náhrobkov vo Westminsterskom opátstve vo Veľkej Británii: „V mladosti som chcel zmeniť svet, ale nedokázal som to. V strednom veku som sa snažil zmeniť svoju rodinu, ale nešlo to. Až pred smrťou som si uvedomil, že všetky tieto veci som mohol zmeniť, ak by som sa zmenil ja sám."

Zvyčajne sa ľudia snažia zmeniť niekoho iného, ak sa im niečo na tom človeku nepáči. Ale je takmer nemožné zmeniť iných ľudí. Niektoré manželské páry sa hádajú o takých triviálnych veciach, ako je vytláčanie zubnej pasty z hornej alebo spodnej časti. Mali by sme najprv zmeniť samých seba predtým, než sa budeme snažiť zmeniť ostatných. A potom môžeme s láskou k nim čakať, kým sa nezmenia a úprimne dúfať, že sa zmenia.

Všetko dúfať znamená túžiť po všetkom a čakať, že sa stane všetko, v čo veríte. Konkrétne, ak milujeme Boha, budeme veriť každému Božiemu slovu a dúfať, že sa všetko stane podľa Jeho slova. Dúfate v dni, kedy budete zdieľať lásku s Bohom Otcom naveky v krásnom nebeskom kráľovstve. To je dôvod, prečo by ste mali všetko znášať na vašich pretekoch viery. Ale čo v prípade, že nemáme žiadnu nádej?

Tí, ktorí neveria v Boha, nemôžu mať nádej na nebeské kráľovstvo. To je dôvod, prečo žijú iba nasledovaním ich túžob, pretože nemajú nádej na budúcnosť. Snažia sa získať viac vecí a snažia sa nakŕmiť vlastnú chamtivosť. Ale bez ohľadu na to, koľko vecí majú, a z koľkých sa tešia, nedokážu dosiahnuť skutočné uspokojenie. Žijú svoj život s obavami o budúcnosť.

Na druhej strane, tí, ktorí veria v Boha, dúfajú vo všetko, a tak kráčajú úzkou cestou. Prečo hovoríme, že je to úzka cesta? Znamená to, že je úzka v očiach neveriacich v Boha. Keď prijmeme Ježiša Krista a staneme sa Božími deťmi, zostávame v nedeľu v kostole celý deň a zúčastňujeme sa bohoslužieb bez akejkoľvek svetskej formy potešenia. Pracujeme pre Božie kráľovstvo dobrovoľnými prácami a modlíme sa, aby sme dokázali žiť podľa Božieho slova. Takéto veci je bez viery ťažké vykonať, a to je dôvod, prečo hovoríme, že je to úzka cesta.

V 1 Kor 15, 19 apoštol Pavol hovorí: „Ak len v tomto živote máme nádej v Kristovi, sme najúbohejší zo všetkých ľudí." Z telesného uhla pohľadu sa životné znášanie a tvrdá práca zdajú byť ťažké. Ale ak vo všetko dúfame, táto cesta je šťastnejšia ako akákoľvek iná cesta. Ak sme s tými, ktorých veľmi milujeme, budeme šťastní aj v zchátralom dome. A budeme veľmi šťastní pri pomyslení na to, že s drahocenným Pánom budeme žiť naveky v nebi! Budeme nadšení a šťastní už len pri pomyslení na to. Týmto spôsobom s pravou láskou nemenne čakáme a dúfame, až kým sa nestane všetko, v čo veríme.

Na všetko sa tešiť s vierou je mocné. Napríklad, povedzme, že jedno z vašich detí zišlo z cesty a vôbec sa neučí. Ak v toto dieťa veríte a poviete mu, že to dokáže a pozriete sa na neho očami nádeje, že sa zmení, kedykoľvek sa môže zmeniť na dobré dieťa. Viera rodičov podnieti v deťoch zlepšenie a sebavedomie. Tie deti, ktoré majú sebavedomie, majú vieru, že dokážu čokoľvek; budú schopné prekonať problémy, a tieto postoje majú v skutočnosti vplyv na ich študijné výsledky.

Je to rovnaké, keď sa staráme o duše v kostole. V žiadnom prípade nesmieme o hocikom robiť unáhlené závery. Nemali by sme byť odradení myšlienkou: „Pre tohto človeka vyzerá byť veľmi ťažké sa zmeniť," alebo „ je stále rovnaká." Na každého sa musíme pozerať očami nádeje, že sa čoskoro zmení a roztaví Božou láskou. Musíme sa aj naďalej za nich modliť, veriť im a podporovať ich slovami: „Ty to dokážeš!"

15. Láska všetko vydrží

1 Kor 13, 7 hovorí: „[Láska] všetko znáša, všetko verí, všetko dúfa, všetko vydrží." Ak niekoho milujete, vydržíte všetko. Čo teda znamená „vydržať"? Keď znášame všetko, čo nie je v súlade s láskou, bude to mať nejaké následky. Keď je na jazere alebo na mori vietor, spôsobí vlny. Dokonca, aj keď sa vietor upokojí, ešte stále budú nejaké vlnky. Aj keď všetko znášame, neprestane to len preto, že to znášame. Bude to mať určité následky alebo dôsledky.

Napríklad, Ježiš povedal v Mt 5, 39: „No ja vám hovorím: Neodporujte zlému. Ak ťa niekto udrie po pravom líci, nadstav mu aj druhé." Ako už bolo povedané, aj keď vás niekto udrie po pravom líci, nevrátite mu to, ale to vydržíte. Skončí sa tým všetko? Bude to mať dôsledky. Budete cítiť bolesť. Bude vás bolieť líce, ale bolesť, ktorá sa nachádza v srdci, je väčšou bolesťou. Samozrejme, ľudia majú rôzne dôvody pre bolesť v srdci. Niektorí ľudia majú bolesť v srdci, pretože si myslia, že ich niekto bezdôvodne udrel a sú kvôli tomu nahnevaní. Ale iní ľudia môžu mať bolesť v srdci v dôsledku ľútosti, že toho druhého nahnevali. Niektorí môžu cítiť ľútosť pri pohľade na brata, ktorý nedokáže udržať svoj hnev, ale namiesto konštruktívnejšieho a správneho spôsobu ho vyjadruje fyzicky.

Následky znášania niečoho môžu tiež prísť v podobe vonkajších okolností. Napríklad, niekto vás udrel po pravom líci. A tak ste mu podľa Slova nastavili aj druhé líce. Potom vás udrie aj po ľavom líci. Znášali ste to nasledovaním Slova, ale situácia sa vyhrotila a zdá sa, že sa v skutočnosti zhoršila.

To bol Danielov prípad. Nerobil kompromisy, aj keď vedel, že bude hodený do levovej jamy. Vzhľadom k tomu, že miloval Boha, nikdy sa neprestal modliť ani v životohrozujúcich situáciách. Ani nekonal v zlobe voči tým, ktorí sa ho snažili zabiť. Zmenilo sa pre neho všetko k lepšiemu, pretože všetko znášal podľa Božieho slova? Nie, bol uvrhnutý do levovej jamy!

Môžeme si myslieť, že všetky skúšky by mali prestať, ak znášame všetko, čo nie je v súlade s láskou. Prečo teda skúšky pokračujú? Je to Božia prozreteľnosť, aby sme sa stali dokonalými a získali úžasné požehnanie. Polia prinášajú zdravé a bohaté úrody, pretože znášajú dážď, vietor a spaľujúce slnko. Božou prozreteľnosťou je, aby sme zo skúšok vyšli ako pravé Božie deti.

Skúšky sú požehnaním

Nepriateľ diabol a satan narúšajú život Božích detí, keď sa snažia prebývať vo svetle. Satan sa vždy snaží nájsť všetky možné dôvody na obvinenie ľudí, a v prípade aj toho najmenšieho nedostatku ich satan ihneď obviní. Príkladom je to, keď niekto koná voči vám v zlobe a vy to navonok znášate, ale vo vnútri srdca máte aj naďalej zlé pocity. Nepriateľ diabol a satan to vedia a v dôsledku týchto pocitov voči vám vznášajú obvinenia. Potom Boh musí na základe týchto obvinení dovoliť skúšky. Až kým nie sme uznaní, že nemáme zlo v srdci, budeme čeliť testom, tzv. „zušľachťovacím skúškam". Samozrejme, skúšky môžu pokračovať aj po tom, čo odhodíme všetky hriechy a úplne sa posvätíme. Tento druh skúšok je dovolený preto, aby sme získali väčšie požehnanie. Prostredníctvom nich nezostaneme iba na úrovni, kde nemáme v sebe žiadne zlo, ale budeme kultivovať väčšiu lásku a dokonalejšiu dobrotu, kedy už v sebe nebudeme mať vôbec žiadne nedostatky.

Nie je to len pre osobné požehnanie; rovnaký princíp platí, keď sa snažíme dosiahnuť Božie kráľovstvo. Aby Boh uskutočnil veľké diela, musí byť dosiahnutá úroveň spravodlivosti. Ukázaním veľkej viery a skutkov lásky musíme dokázať, že sme nádobou schopnou získať odpoveď, aby nepriateľ diabol nemohol voči tomu vznášať námietky.

A tak Boh niekedy na nás dopúšťa skúšky. Ak ich budeme znášať len s dobrotou a láskou, Boh nám dovolí vzdať Mu väčšiu slávu s väčším víťazstvom a odmení nás väčšími odmenami. Obzvlášť, ak ste prekonali prenasledovanie a útrapy kvôli Pánovi, určite získate veľké požehnanie. „Blahoslavení ste, keď vás budú pre mňa potupovať a prenasledovať a všetko zlé na vás nepravdivo hovoriť; radujte sa a jasajte, lebo máte hojnú odmenu v nebi. Tak prenasledovali aj prorokov, ktorí boli pred vami" (Mt 5, 11-12).

Všetko znášať, všetko veriť, všetko dúfať a všetko vydržať

Ak vo všetko veríte a dúfate s láskou, môžete prekonať akýkoľvek druh skúšky. Ako konkrétne máme všetko veriť, dúfať a vydržať?

Po prvé, musíme až do konca veriť Božej láske, a to aj počas skúšok.

1 Pt 1, 7 hovorí: „Aby vám vaša vyskúšaná viera, omnoho vzácnejšia ako pominuteľné zlato, ktoré sa tiež skúša ohňom, bola na chválu, slávu a česť vtedy, keď sa zjaví Ježiš Kristus." On nás zušľachťuje, aby sme boli kvalifikovaní na radosť z chvál, slávy a cti, keď sa naše životy na tejto zemi skončia.

Taktiež, ak budeme úplne žiť podľa Božieho slova bez kompromisov so svetom, môžeme zažiť niekoľko situácií, kedy budeme čeliť nespravodlivému utrpeniu. Zakaždým musíme veriť, že dostávame mimoriadnu Božiu lásku. Namiesto toho, aby sme boli odradení, budeme vďační, pretože Boh nás povedie k lepšiemu príbytku v nebi. Tiež musíme veriť Božej láske a musíme jej veriť až do konca. Aj počas skúšok viery môžeme zažiť nejaké bolesti.

Ak je bolesť veľká a trvá dlhú dobu, môžeme si myslieť: „Prečo mi Boh nepríde na pomoc? Už ma viac nemiluje?" Ale vtedy musíme mať na pamäti Božiu lásku ešte jasnejšie a skúšky vydržať. Musíme veriť, že Boh Otec nás chce viesť k lepšiemu nebeskému príbytku, pretože nás miluje. Ak vytrváme až do konca, nakoniec sa staneme dokonalými Božími deťmi. „A vytrvalosť sa má ukázať v dokonalých skutkoch, aby ste boli dokonalí a neporušení a v ničom nezaostávali" (Jak 1, 4).

Po druhé, aby sme všetko vydržali, musíme veriť, že skúšky sú skratkou k naplneniu našich nádejí.

Rim 5, 3-4 hovorí: „A nielen to: chválime sa aj súženiami, veď vieme, že súženie prináša trpezlivosť, trpezlivosť osvedčenú čnosť a osvedčená čnosť zasa nádej." Súženie tu spomenuté je ako skratka k dosiahnutiu našich nádejí. Môžete si myslieť: „Ach, kedy sa môžem zmeniť?" Ale ak vydržíte a budete sa naďalej meniť, potom kúsok po kúsku sa nakoniec stanete pravým a dokonalým dieťaťom Boha, ktoré sa na Neho podobá.

Preto, keď príde skúška, nemali by ste sa jej vyhýbať, ale snažiť sa ju všetkými silami prekonať. Samozrejme, je to zákon prírody a prirodzená túžba človeka ísť tou najjednoduchšou cestou. Ale keď sa budeme snažiť vyhnúť skúškam, našu cestu to iba predĺži. Napríklad, vezmime si človeka, ktorý vám neustále a v každej situácii spôsobuje problémy. Navonok to otvorene nedávate najavo, ale cítite sa nepohodlne, kedykoľvek sa s týmto človekom stretnete. Takže sa mu jednoducho vyhýbate. V tejto situácii by ste sa nemali jednoducho snažiť ignorovať situáciu, ale musíte ju aktívne prekonať. Musíte vydržať všetky ťažkosti, ktoré s ním máte a kultivovať srdce tak, aby ste ho skutočne pochopili a odpustili mu. Potom vám Boh dá milosť a vy sa zmeníte. Podobne, každá skúška sa stane odrazovým mostíkom a skratkou na vašej ceste k naplneniu vašich nádejí.

Po tretie, aby sme všetko vydržali, musíme konať iba dobro.

Pri konfrontácii s dôsledkami, a to aj po vydržaní všetkého nasledovaním Božieho slova, ľudia sa zvyčajne sťažujú na Boha. Sťažujú sa slovami: „Prečo sa situácia nemení, ani keď sme konali podľa slova?" Všetky skúšky viery sú spôsobené nepriateľom diablom a satanom. Konkrétne, testy a skúšky sú boje medzi dobrom a zlom.

Na víťazstvo v tomto duchovnom boji musíme bojovať podľa pravidiel duchovnej oblasti. Podľa zákona duchovnej oblasti dobro nakoniec zvíťazí. Rim 12, 21 hovorí: „Nedaj sa premôcť zlu, ale dobrom premáhaj zlo." Ak budeme týmto spôsobom konať v dobrote, v tej chvíli sa môže zdať, že prehráme, ale v skutočnosti je to naopak. Je to preto, že spravodlivý a dobrý Boh riadi všetko šťastie, nešťastie, život a smrť ľudstva. Preto, keď čelíme testom, skúškam a prenasledovaniu, musíme konať iba v dobrote.

V niektorých prípadoch veriaci čelia prenasledovaniu ich neveriacimi rodinnými príslušníkmi. V takom prípade si veriaci môže myslieť: „Prečo je môj manžel taký zlý? Prečo je moja žena taká zlá?" Ale potom bude test ešte väčší a dlhší. Čo je dobrom v tejto situácii? Musíte sa za nich modliť s láskou a slúžiť im v Pánovi. Musíte sa stať svetlom, ktoré jasne osvecuje vašu rodinu.

Ak budete voči nim konať len dobro, Boh vykoná Jeho dielo v najvhodnejšej chvíli. Zaženie nepriateľa diabla a satana, a zároveň pohne srdciami vašich rodinných príslušníkov. Všetky problémy budú vyriešené, ak budete konať v dobrote v súlade s Božími pravidlami. Najsilnejšou zbraňou v duchovnom boji nie je ľudská moc alebo múdrosť, ale Božia dobrota. Preto vydržme len v dobrote a konajme len dobré skutky.

Poznáte niekoho, o kom si myslíte, že je veľmi ťažké byť s ním a je ťažké to s ním vydržať? Niektorí ľudia neustále robia chyby, spôsobujú škodu a ťažkosti ostatným. Niektorí sa veľa sťažujú, a dokonca sú aj kvôli maličkostiam mrzutí. Ale ak budete v sebe kultivovať pravú lásku, nebude existovať nikto, koho by ste nedokázali zniesť. Je to preto, že budete ostatných milovať ako seba samého, ako nám povedal Ježiš, aby sme milovali svojich blížnych ako seba samého (Mt 22, 39).

Aj Boh Otec nás chápe a takto s nami vydrží. Až kým v srdci nedosiahnete túto lásku, mali by ste žiť ako perlorodky. Keď cudzí predmet, ako je piesok, morské riasy alebo časti ulity, uviaznu medzi ulitou a telom perlorodky, tá ho zmení na drahocennú perlu! Ak týmto spôsobom budeme kultivovať duchovnú lásku, prejdeme perlovou bránou a vojdeme do Nového Jeruzalema, kde sa nachádza Boží trón.

Len si predstavte tú chvíľu, keď prejdete popod perlové brány a spomeniete si na svoju minulosť na tejto zemi. Mali by sme byť schopní vyznať pred Bohom Otcom: „Ďakujem Ti za to, že kvôli mne si všetko znášal, všetko veril a všetko dúfal," lebo On premení naše srdcia na také krásne ako perly.

Vlastnosti duchovnej lásky III

12. Všetko znáša

13. Všetko verí

14. Všetko dúfa

15. Všetko vydrží

Dokonalá láska

„Láska nikdy nezanikne. Proroctvá prestanú, jazyky zamĺknu a poznanie pominie. Lebo poznávame len sčasti a len sčasti prorokujeme. Ale keď príde to, čo je dokonalé, prestane, čo je len čiastočné. Keď som bol dieťa, hovoril som ako dieťa, poznával som ako dieťa, rozmýšľal som ako dieťa. Keď som sa stal mužom, zanechal som detské spôsoby. Teraz vidíme len nejasne, akoby v zrkadle; no potom z tváre do tváre. Teraz poznávam iba čiastočne, ale potom budem poznať tak, ako som aj ja poznaný. A tak teraz ostáva viera, nádej, láska, tieto tri; no najväčšia z nich je láska"
(1 Kor 13, 8-13).

Keď pôjdete do neba a budete si môcť vziať so sebou jednu vec, čo by ste si vzali? Zlato? Diamanty? Peniaze? Všetky tieto veci sú v nebi zbytočné. V nebi sú cesty, po ktorých budete kráčať, z rýdzeho zlata. Čo Boh Otec pripravil v nebeských príbytkoch, je veľmi krásne a vzácne. Boh pozná naše srdcia a zo všetkých síl pripravuje len to najlepšie. Ale je tu jedna vec, ktorú si môžeme vziať z tejto zeme, a ktorá bude aj v nebi veľmi vzácna. Je to láska. Je to láska kultivovaná v našom srdci počas života na tomto svete.

Láska je potrebná aj v nebi

Keď sa kultivácia ľudstva skončí a my vojdeme do nebeského kráľovstva, všetky veci na tejto zemi zaniknú (Zjv 21, 1). Ž 103, 15 hovorí: „Ako tráva sú dni človeka, odkvitá sťa poľný kvet." Zmiznú dokonca aj nehmotné veci, ako je bohatstvo, sláva a moc. Zmiznú tiež všetky hriechy a tma, ako je nenávisť, hádky, závisť a žiarlivosť.

Ale 1 Kor 13, 8-10 hovorí: „Láska nikdy nezanikne. Proroctvá prestanú, jazyky zamĺknu a poznanie pominie. Lebo poznávame len sčasti a len sčasti prorokujeme. Ale keď príde to, čo je dokonalé, prestane, čo je len čiastočné."

Dary proroctva, jazykov a poznanie Boha, sú všetky duchovnými vecami, tak prečo sa pominú? Nebo je v duchovnej oblasti a je dokonalým miestom. V nebi budeme všetko jasne vedieť. Aj keď teraz s Bohom jasne komunikujeme a prorokujeme, bude to úplne odlišné od chápania všetkého v nebeskom kráľovstve v budúcnosti. Potom budeme jasne rozumieť srdcu Boha Otca a Pána, preto proroctvá už viac nebudú potrebné.

Je to rovnaké s jazykmi. Tu sa „jazyky" vzťahujú na rôzne jazyky. Teraz máme na zemi mnoho rôznych jazykov, preto ak sa chceme rozprávať s ostatnými, ktorí hovoria iným jazykom, musíme sa ich jazyk naučiť. V dôsledku kultúrnych rozdielov potrebujeme veľa času a úsilia, kým sme schopní zdieľať srdce a myšlienky. Aj keď hovoríme rovnakým jazykom, nemôžeme úplne pochopiť srdce a myšlienky iných ľudí. Aj keď hovoríme plynule a dokonale, nie je ľahké stopercentne vyjadriť naše srdcia a myšlienky. Kvôli slovám môžeme mať nedorozumenia a hádky. V slovách môžeme tiež urobiť veľa chýb.

Ale ak pôjdeme do neba, nemusíme mať už z týchto vecí obavy. V nebi je iba jeden jazyk. Preto je zbytočné sa obávať, či budeme ostatným rozumieť. Pretože dobré srdce zostáva také, aké je, nemôže dochádzať k žiadnym nedorozumeniam alebo predsudkom.

Je to rovnaké s poznaním. Tu „poznanie" odkazuje na poznanie Božieho slova. Keď žijeme na tejto zemi, usilovne sa učíme Božie slovo. Prostredníctvom 66 kníh Biblie sa dozvedáme, ako môžeme byť spasení a získať večný život. Učíme sa o Božej vôli, ale je to len časť Božej vôle, ktorá je len o tom, čo musíme urobiť, aby sme išli do neba.

Napríklad, počujeme, učíme sa a dodržiavame také slová ako „milujte sa navzájom," „nezáviďte, nežiarlite," a podobne. Ale v nebi je len láska, a tak tam nepotrebujeme tento druh poznania. Aj keď sú to duchovné veci, nakoniec pominú aj proroctvá, rôzne jazyky a všetko poznanie. Je to preto, že sú potrebné iba dočasne na tomto fyzickom svete.

Preto je dôležité poznať Slovo pravdy a vedieť o nebi, ale oveľa dôležitejšie je kultivovať lásku. Do akej miery sme si obrezali srdce a kultivovali lásku, do takej miery môžeme získať lepší nebeský príbytok.

Láska je naveky vzácna

Len si spomeňte na svoju prvú lásku. Akí ste boli šťastní! Ako hovoríme, že láska zaslepuje, ak niekoho skutočne milujeme, vidíme len dobré vlastnosti danej osoby a všetko na svete vyzerá krásne. Zdá sa, že slnko žiari viac ako inokedy a môžeme cítiť vôňu i vo vzduchu. Existuje niekoľko laboratórnych štúdií, ktoré uvádzajú, že časti mozgu, ktoré riadia negatívne a kritizujúce myšlienky, sú u zamilovaných menej aktívne. Rovnako, ak je vaše srdce naplnené láskou k Bohu, ste veľmi šťastní, aj keď nejete. V nebi bude tento druh radosti trvať naveky.

Náš život na tejto zemi je ako život dieťaťa v porovnaní so životom, ktorý budeme mať v nebi. Dieťa, ktoré práve začína hovoriť, dokáže povedať len pár jednoduchých slov, ako je „mama" a „otec". Nedokáže podrobne vyjadriť veľa vecí. Deti nedokážu pochopiť ani zložité veci zo sveta dospelých. Deti hovoria, chápu a myslia v rámci poznania a schopností detí. Nemajú správnu predstavu o hodnote peňazí, preto ak pred nich položíte mincu a bankovku, prirodzene si vyberú mincu. Je to preto, že vedia, že mince majú určitú hodnotu, pretože ich už použili na kúpu nejakých cukríkov alebo nanukov, ale nepoznajú hodnotu bankoviek.

Je to podobné nášmu chápaniu neba počas nášho života na tejto zemi. Vieme, že nebo je krásne miesto, ale je ťažké vyjadriť, aké je v skutočnosti krásne. V nebeskom kráľovstve nie sú žiadne obmedzenia, takže krása môže byť vyjadrená v plnom rozsahu. Keď sa dostaneme do neba, budeme tiež schopní pochopiť neobmedzenú a tajomnú duchovnú ríšu a princípy, podľa ktorých všetko funguje. Je to uvedené v 1 Kor 13, 11: „Keď som bol dieťa hovoril som ako dieťa, poznával som ako dieťa rozmýšľal som ako dieťa. Keď som sa stal mužom, zanechal som detské spôsoby."

V nebeskom kráľovstve nie je žiadna tma, strach alebo úzkosť. Je tam len dobrota a láska. Preto môžeme vyjadriť našu lásku k ostatným a slúžiť jeden druhému, koľko sa nám zachce. V tomto sa fyzický svet a duchovná ríša úplne odlišujú. Samozrejme, že aj na tejto zemi je veľký rozdiel v chápaní a myslení ľudí na základe miery ich viery.

V 1 Jn 2 je každá úroveň viery prirovnaná k malým deťom, deťom, mladíkom a otcom. Tí, ktorí sú na úrovni viery malých detí alebo detí, sú duchovne ako deti. Nedokážu skutočne pochopiť hlboké duchovné veci. Majú malú silu dodržiavať slovo. Ale keď sa stanú mladíkmi a otcami, ich slová, myslenie a skutky sa zmenia. Majú väčšiu silu dodržiavať Božie slovo a môžu vyhrať boj s mocou temnoty. Ale aj keď dosiahneme vieru otcov na tejto zemi, môžeme povedať, že ešte stále sme ako deti v porovnaní s dobou, keď vstúpime do nebeského kráľovstva.

Budeme mať dokonalú lásku

Detstvo je príprava na dospelosť, a podobne, život na tejto zemi je príprava na večný život. A tento svet je v porovnaní s večným nebeským kráľovstvom ako tieň, ktorý sa rýchlo pominie.

Tieň nie je skutočná bytosť. Inými slovami, nie je skutočný. Je to len obraz, ktorý sa podobá originálu.

Kráľ Dávid požehnal Pána pred očami všetkých zhromaždených a povedal: „Lebo my sme pred tebou cudzinci a pútnici ako všetci naši otcovia. Ako tieň sú naše dni na zemi, bez nádeje" (1 Krn 29, 15).

Keď sa pozrieme na tieň nejakého objektu, môžeme pochopiť jeho vonkajší obrys. Tento fyzický svet je ako tieň, ktorý nám poskytuje stručnú predstavu o večnom svete. Keď sa pominie tieň, ktorým je život na tejto zemi, bude jasne odhalená skutočná podstata. Teraz poznáme duchovnú oblasť len nejasne a hmlisto, ako keby sme sa pozerali do zrkadla. Ale keď vojdeme do nebeského kráľovstva, budeme jasne chápať, ako keď sa pozeráme z tváre do tváre.

1 Kor 13, 12 hovorí: „Teraz vidíme len nejasne, akoby v zrkadle; no potom z tváre do tváre. Teraz poznávam iba čiastočne, ale potom budem poznať tak, ako som aj ja poznaný." Apoštol Pavol napísal túto kapitolu o láske približne pred 2 000 rokmi. Zrkadlo v tej dobe nebolo také jasné ako dnešné zrkadlá. Nebolo vyrobené zo skla. Bolo vyrobené zo striebra, bronzu alebo ocele, ktorých povrch bol vyleštený, aby odrážal svetlo. To je dôvod, prečo bolo zrkadlo hmlisté. Niektorí ľudia, samozrejme, vidia a cítia nebeské kráľovstvo živšie ich otvorenými duchovnými očami. Ale aj napriek tomu, krásu a šťastie neba môžeme vnímať len matne.

Keď neskôr vojdeme do večného nebeského kráľovstva, budeme jasne vidieť každý detail kráľovstva a cítiť ho priamo. Dozvieme sa o veľkosti, moci a kráse Boha, ktoré sa slovami nedajú opísať.

Láska je spomedzi viery, nádeje a lásky najväčšia

Viera a nádej sú veľmi dôležité pre rast našej viery. Budeme spasení a do neba pôjdeme iba vtedy, keď máme vieru. Božími deťmi sa môžeme stať iba s vierou. Vzhľadom k tomu, že môžeme získať spásu, večný život a nebeské kráľovstvo iba s vierou, viera je veľmi vzácna. Pokladom nad všetkými pokladmi je viera; viera je kľúčom k získaní odpovedí na naše modlitby.

Ako je to s nádejou? Nádej je tiež vzácna; nádejou môžeme získať lepší príbytok v nebi. Preto, ak máme vieru, budeme mať prirodzene aj nádej. Ak s určitosťou veríme v Boha, v nebo a peklo, budeme mať nádej na nebo. Taktiež, ak máme nádej, snažíme sa posvätiť a verne pracovať pre Božie kráľovstvo. Viera a nádej sú nutnosťou, až kým nedosiahneme nebeské kráľovstvo. Ale 1 Kor 13, 12 hovorí, že najväčšia je láska. Prečo?

Po prvé, viera a nádej sú potrebné iba počas nášho života na tejto zemi, a iba duchovná láska zostáva v nebeskom kráľovstve.

V nebi nemusíme veriť všetko bez toho, aby sme to videli alebo v niečo dúfať, pretože všetko bude pred našimi očami. Predpokladajme, že máte niekoho, koho veľmi milujete a nestretli ste sa s ním už celý týždeň, alebo dokonca desať rokov. Keď sa s ním znova stretneme po desiatich rokoch, vyvolá to v nás oveľa hlbšie a väčšie pocity. A keď sa už stretneme s človekom, ktorý nám chýbal celých desať rokov, existoval by niekto, komu by aj naďalej chýbal?

To isté platí aj pre náš kresťanský život. Ak máme skutočnú vieru a milujeme Boha, naša nádej bude rásť s časom a s rastúcou vierou. Pán nám bude s plynúcim časom chýbať stále viac. Tí, ktorí majú nádej na nebo, nehovoria, že je to ťažké, aj keď na tejto zemi kráčajú úzkou cestou a nezakolíšu sa žiadnym pokušením. A keď dosiahneme náš konečný cieľ, nebeské kráľovstvo, nebudeme už potrebovať vieru a nádej. Ale láska pretrvá v nebi naveky, a to je dôvod, prečo Biblia hovorí, že láska je najväčšia.

Po druhé, nebo môžeme dosiahnuť vierou, ale bez lásky sa nemôžeme dostať do najkrajšieho príbytku, Nového Jeruzalema.

Môžeme sa násilne zmocniť nebeského kráľovstva do tej miery, do akej konáme vo viere a nádeji. Do akej miery žijeme podľa Božieho slova, odhodíme hriechy a kultivujeme krásne srdce, do takej miery budeme mať duchovnú vieru a podľa miery tejto duchovnej viery získame v nebi rôzne príbytky: raj, prvé nebeské kráľovstvo, druhé nebeské kráľovstvo, tretie nebeské kráľovstvo a Nový Jeruzalem.

Raj je pre tých, ktorí majú vieru byť spasení prijatím Ježiša Krista. To znamená, že neurobili pre Božie kráľovstvo nič. Prvé nebeské kráľovstvo je pre tých, ktorí sa po prijatí Ježiša Krista snažili žiť podľa Božieho slova. Je oveľa krajšie ako raj. Druhé nebeské kráľovstvo je pre tých, ktorí s láskou k Bohu žili podľa Božieho slova a boli verní Božiemu kráľovstvu. Tretie nebeské kráľovstvo je pre tých, ktorí milujú Boha v najväčšej možnej miere a odvrhli všetky formy zla, aby sa posvätili. Nový Jeruzalem je pre tých, ktorí majú Boha potešujúcu vieru a boli verní v celom Božom dome.

Nový Jeruzalem je nebeský príbytok dávaný Božím deťom, ktoré vierou dosiahli dokonalú lásku, a je to kryštaloid lásky. V skutočnosti nikto okrem Ježiša Krista, jednorodeného Božieho

Syna, nemá kvalifikáciu na vstup do Nového Jeruzalema. Ale aj my, žijúce stvorenia, môžeme získať kvalifikáciu pre vstup na toto miesto, ak sme oprávnení drahocennou krvou Ježiša Krista a máme dokonalú vieru.

Aby sme sa podobali Pánovi a prebývali v Novom Jeruzaleme, musíme kráčať cestou, ktorou kráčal Pán. Tou cestou je láska. Iba s touto láskou môžeme prinášať deväť ovocí Ducha Svätého a Blahoslavenstiev, aby sme boli hodní byť nazvaní pravými Božími deťmi, ktoré majú vlastnosti Pána. Akonáhle získame kvalifikáciu pravých Božích detí, dostaneme všetko, o čo budeme prosiť na tejto zemi a budeme mať česť chodiť s Pánom naveky v nebi. Preto do neba môžeme ísť vtedy, keď máme vieru a hriechy môžeme odhodiť vtedy, keď máme nádej. Z tohto dôvodu sú viera a nádej určite nutné, ale láska je najväčšia, pretože do Nového Jeruzalema môžete vstúpiť, len keď máme lásku.

„Nebuďte nikomu nič dlžní, okrem toho, aby ste sa navzájom milovali: veď kto miluje blížneho, vyplnil zákon. Lebo: Nescudzoložíš! Nezabiješ! Nepokradneš! Nepožiadaš! a ktorékoľvek iné prikázanie je zahrnuté v tomto slove: Milovať budeš svojho blížneho ako seba samého! Láska nerobí zle blížnemu; teda naplnením zákona je láska."

Rim 13, 8-10

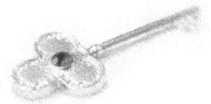

Časť 3

Láska je naplnením zákona

Kapitola 1 : **Božia láska**

Kapitola 2 : **Kristova láska**

Božia láska

„My sme z Boha. Kto pozná Boha, počúva nás. Kto nie je z Boha, ten nás nepočúva. Podľa toho poznávame Ducha pravdy a ducha bludu."

1 Jn 4, 6

Pri práci s kečujskými indiánmi sa Elliot začal pripravovať na priblíženie sa k povestnému násilnému indiánskemu kmeňu Huaorani. Spolu s ďalšími štyrmi misionármi, Edom McCullym, Rogerom Youderianom, Petrom Flemingom a pilotom Nateom Saintom, pomocou reproduktora a spusteného koša s darmi nadviazali z lietadla kontakt s indiánmi z kmeňa Huaorani. Po niekoľkých mesiacoch sa títo muži rozhodli vybudovať základňu kúsok od indiánskeho kmeňa, pozdĺž rieky Curaray. Niekoľkokrát boli oslovení malými skupinkami indiánov z kmeňa Huaorani, a dokonca vzali jedného zvedavého indiána, ktorého pomenovali „George" (jeho skutočné meno bolo Naenkiwi), na výletnú jazdu lietadlom. Povzbudený týmito priateľskými stretnutiami začali plánovať návštevu kmeňa Huaorani, ale ich plány boli prerušené príchodom väčšej skupiny z kmeňa Huaorani, ktorá zabila Elliota a jeho štyroch spoločníkov dňa 8. januára 1956. Elliotove znetvorené telo bolo nájdené v prúde rieky spolu s telami ostatných troch mužov, chýbalo však telo Eda McCullyho.

Elliot a jeho priatelia sa okamžite stali známymi po celom svete ako mučeníci a časopis Life Magazine publikoval desaťstranový článok o ich misii a smrti. Zaslúžili sa o spustenie záujmu o kresťanské misie medzi mladými ľuďmi tej doby, a aj naďalej sú povzbudením pre kresťanských misionárov pracujúcich po celom svete. Elisabeth Elliot začala po smrti manžela spolu s ďalšími misionármi pracovať medzi indiánmi kmeňa Auca, kde mali veľký vplyv a mnohých z nich obrátili. Vďaka Božej láske bolo zachránených mnoho duší.

„Nebuďte nikomu nič dlžní, okrem toho, aby ste sa navzájom milovali: veď kto miluje blížneho, vyplnil zákon. Lebo: Nescudzoložíš! Nezabiješ! Nepokradneš! Nepožiadaš! a ktorékoľvek iné prikázanie je zahrnuté v tomto slove:

Milovať budeš svojho blížneho ako seba samého! Láska nerobí zle blížnemu; teda naplnením zákona je láska" (Rim 13, 8-10)

Najvyššia miera lásky spomedzi všetkých druhov lásky je Božia láska k nám. Stvorenie všetkých vecí a ľudských bytostí tiež pochádzalo z Božej lásky.

Boh z lásky stvoril všetky veci a ľudské bytosti

Na počiatku Boh obýval obrovský priestor vesmíru sám. Tento vesmír je iný vesmír ako vesmír, ktorý poznáme dnes. Je to priestor, ktorý nemá začiatok ani koniec, ani žiadne obmedzenia. Všetky veci sú vykonávané v súlade s Božou vôľou a s túžbami v Jeho srdci. Ak Boh môže urobiť a mať čokoľvek, čo chce, prečo stvoril ľudské bytosti?

Chcel pravé deti, s ktorými by sa mohol deliť o krásu Jeho sveta, z ktorého sa tešil. Chcel sa podeliť o priestor, kde sa všetko deje podľa želaní. Je to podobné ako ľudská myseľ; chceme otvorene zdieľať dobré veci s tými, ktorých milujeme. S touto nádejou Boh naplánoval kultiváciu ľudstva, aby získal pravé deti.

Jeho prvým krokom bolo rozdelelenie jedného vesmíru na fyzický svet a duchovný svet a stvorenie nebeského zástupu, anjelov a iných duchovných bytostí a všetkého ostatného, čo bolo v duchovnej oblasti potrebné. Stvoril priestor, v ktorom by mohol prebývať On sám, ako aj nebeské kráľovstvo, kde by mohli prebývať Jeho pravé deti a priestor pre kultiváciu ľudských bytostí. Potom po dlhej, nezmerateľnej dobe stvoril vo fyzickom svete Zem, spolu so slnkom, mesiacom a hviezdami, a prírodné prostredie, z ktorých všetko bolo potrebné pre život človeka.

V prítomnosti Boha existuje nespočetné množstvo duchovných bytostí, ako sú anjeli, ktorí sú bezpodmienečne poslušní, niečo ako roboty. Sú to bytosti, s ktorými sa Boh môže deliť o Jeho lásku. Z tohto dôvodu Boh stvoril ľudí na svoj obraz, aby získal pravé deti, s ktorými by mohol zdieľať Jeho lásku. Ak by bolo možné mať roboty s krásnymi tvárami, ktoré by sa správali presne tak, ako chcete, nahradili by vaše vlastné deti? Aj keď vaše deti z času na čas neposlúchajú, aj napriek tomu budú omnoho rozkošnejšie ako roboty, pretože dokážu cítiť vašu lásku a vyjadriť ich lásku k vám. Je to rovnaké s Bohom. Chcel pravé deti, s ktorými by sa mohol deliť o Jeho srdce. S touto láskou Boh stvoril prvého človeka Adama.

Potom, čo Boh stvoril Adama, na východe stvoril záhradu na mieste nazvanom Eden a priviedol do nej Adama. Raj Edenu bol Adamovi daný ako Božia pozornosť. Je to tajomne krásne miesto, kde sa kvetom a stromom darí, a kde sa prechádzajú krásne zvieratá. Je plné plodov. Povieva tam jemný vánok, ktorý je taký mäkký ako hodváb a tráva vydáva šepkajúce zvuky. Voda sa ligoce ako vzácne kamene pri odraze svetla. Ani s najlepšou ľudskou fantáziou nikto nedokáže plne vyjadriť krásu tohto miesta.

Boh dal Adamovi pomocníka, ktorého meno bolo Eva. Nie je to preto, že by sa Adam cítil osamelý. Boh vopred poznal Adamovo srdce, pretože Boh bol veľmi dlhú dobu sám. Adam a Eva veľmi dlhú dobu chodili s Bohom v tých najlepších životných podmienkach daných Bohom a tešili sa z veľkej moci, ktorú mali ako páni všetkého tvorstva.

Boh kultivuje ľudské bytosti, aby z nich vychoval Jeho pravé deti

Ale Adamovi a Eve chýbalo niečo k tomu, aby boli pravými Božími deťmi. Aj keď im Boh dal celú Jeho lásku, nemohli Božiu lásku skutočne cítiť. Tešili sa zo všetkého, čo im Boh dal, ale nebolo nič, čo by si získali alebo dostali vlastným úsilím. Preto nechápali, aká vzácna je Božia láska a nevážili si to, čo dostali. Okrem toho, nikdy nezažili smrť alebo nešťastie a nepoznali hodnotu života. Nikdy nezažili nenávisť, a tak nepoznali skutočnú hodnotu lásky. Aj keď o tom počuli a mali to ako poznanie, v srdciach nedokázali cítiť skutočnú lásku, pretože nemali vlastnú skúsenosť.

Dôvod, prečo Adam a Eva jedli zo stromu poznania dobra a zla, spočíva v tomto verši. Boh povedal: „… lebo v deň, keď by si z neho jedol, istotne zomrieš," ale oni nepoznali celý význam smrti (Gn 2, 17). Vari Boh nevedel, že budú jesť zo stromu poznania dobra a zla? Vedel to. Vedel to, ale aj napriek tomu dal Adamovi a Eve slobodnú vôľu, aby si vybrali poslušnosť. Tu sa nachádza prozreteľnosť kultivácie ľudstva.

Prostredníctvom kultivácie ľudstva Boh chcel, aby všetci ľudia zažili slzy, smútok, bolesť, smrť, atď, aby keď neskôr pôjdu do neba, skutočne cítili, aké cenné a vzácne sú nebeské veci a budú sa môcť tešiť z pravého šťastia. Boh sa chcel s nimi naveky deliť o Jeho lásku v nebi, ktoré sa nedá s ničím porovnať, a je dokonca krajšie ako raj Edenu.

Potom, čo Adam a Eva neuposlúchli Božie slovo, nemohli už dlhšie žiť v raji Edenu. A pretože Adam tiež stratil moc byť pánom všetkého tvorstva, všetky zvieratá a rastliny boli tiež prekliate. Zem bola kedysi hojná a krásna, ale teraz bola tiež prekliata. Teraz vydávala tŕnie a bodľačie a bez tvrdej práce a potu tváre ľudia nedokázali nič vypestovať.

Aj keď Adam a Eva neuposlúchli Boha, aj napriek tomu im

zhotovil odev z kože a obliekol ich, pretože ich čakal život v úplne inom prostredí (Gn 3, 21). Božie srdce muselo byť plné bolesti ako srdce rodičov, ktorí musia na nejakú dobu poslať deti preč kvôli ich príprave na budúcnosť. Napriek tejto Božej láske sa ľudia čoskoro po začatí kultivácie ľudstva ušpinili hriechmi a veľmi rýchlo sa od Boha vzdialili.

Rim 1, 21-23 hovorí: „Hoci Boha poznali, neoslavovali ho ako Boha, ani mu nevzdávali vďaky; ale stratili sa vo svojich myšlienkach a ich nerozumné srdce sa zatemnilo. Hovorili, že sú múdri, a stali sa hlupákmi. Slávu nesmrteľného Boha zamenili za podoby zobrazujúce smrteľného človeka, vtáky, štvornožce a plazy."

Kvôli tomuto hriešnemu ľudstvu Boh ukázal Jeho prozreteľnosť a lásku skrze vyvolený ľud Izrael. Na jednej strane, keď žili podľa Božieho slova, uskutočňoval úžasné znamenia a zázraky a dal im veľké požehnania. Na druhej strane, keď sa od Boha vzdialili, klaňali sa modlám a páchali hriechy, Boh poslal mnohých prorokov ako poslov Jeho lásky.

Jedným z týchto prorokov bol Ozeáš, ktorý bol aktívny v temnej ére potom, čo bol Izrael rozdelený na severný Izrael a južnú Judeu.

Jedného dňa dal Boh Ozeášovi zvláštny príkaz: „Vezmi si smilnú ženu a maj deti zo smilstva, lebo smilstvom sa odvracia krajina od Pána" (Oz 1, 2). Bolo nepredstaviteľné, aby si zbožný prorok vzal smilnú ženu. Aj keď celkom nechápal Boží zámer, Ozeáš poslúchol Jeho slovo a vzal si za manželku ženu menom Gomera.

Mali spolu tri deti, ale Gomera išla k inému mužovi, nasledujúc jej žiadostivosť. Avšak, Boh povedal Ozeášovi, aby miloval svoju ženu (Oz 3, 1). Ozeáš ju hľadal a kúpil ju za pätnásť šekelov striebra a za chomer a letek jačmeňa.

Láska, ktorú dal Ozeáš Gomere, symbolizuje lásku, ktorú dáva Boh nám. A Gomera, smilná žena, symbolizuje všetkých ľudí, ktorí sú ušpinení hriechmi. Rovnako ako si Ozeáš vzal za manželku smilnú ženu, Boh prvý miloval nás, ktorí sme na tomto svete ušpinení hriechmi.

Ukázal Jeho nekonečnú lásku, dúfajúc, že každý sa odvráti od cesty smrti a stane sa Jeho dieťaťom. Aj keď sa ľudia spriatelia so svetom a na chvíľu sa od Boha vzdialia, nepovie: „Odišiel si odo mňa a už ťa nemôžem prijať späť." Chce, aby sa k Nemu všetci vrátili a robí to s úprimnejším srdcom, ako rodičia čakajúci na návrat detí, ktoré utiekli z domu.

Boh pred vekmi pripravil Ježiša Krista

Podobenstvo o márnotratnom synovi v Lk 15 dôrazne ukazuje srdca Boha Otca. Druhý syn, ktorý si ako dieťa užíval bohatý život, nemal vďačné srdce voči svojmu otcovi, ani nechápal hodnotu života, ktorý žil. Jedného dňa si vopred vypýtal jeho dedičský podiel. Bolo to typické rozmaznané dieťa, ktoré žiadalo svoj dedičský podiel, zatiaľ čo bol jeho otec ešte stále nažive.

Otec nemohol zastaviť jeho syna, pretože jeho syn vôbec nechápal rodičovské srdce, a nakoniec mu dal jeho dedičský podiel. Syn bol šťastný a odišiel do sveta. V tej chvíli začala otcova bolesť. Mal strach až na smrť, mysliac si: „Čo ak sa mu niečo stane? Čo ak narazí na nejakých zlých ľudí?" Otec nedokázal kvôli starostiam o syna ani poriadne spať, pozoroval obzor s nádejou, že sa jeho syn vráti.

Čoskoro sa synove peniaze minuli a ľudia s ním začali zle zaobchádzať. Bol v takom hroznom stave, že chcel zahnať hlad strukmi, ktoré hádzali svini, ale nikto mu nič nedával. Teraz si spomenul na otcov dom. Vrátil sa domov, ale bol taký zahanbený, že nedokázal ani zdvihnúť hlavu. Ale otec mu bežal naproti a pobozkal ho. Otec ho z ničoho neobviňoval, ale bol taký šťastný, že mu dal to najlepšie oblečenie a zabil teľa, aby pre neho usporiadal oslavu. Toto je Božia láska.

Božia láska nie je dávaná iba niektorým vybraným ľuďom vo vybranom čase. 1 Tim 2, 4 hovorí: „[Boh]ktorý chce, aby boli všetci ľudia spasení a poznali pravdu." On necháva bránu spásy neustále otvorenú, a keď sa duša vráti k Bohu, každú z nich privíta s obrovskou radosťou a šťastím.

S touto láskou Boha, ktorý nás až do konca neopustí, bola otvorená cesta spásy pre každého z nás. Tou cestou je Jeho jednorodený Syn Ježiš Kristus, ktorého Boh pripravil. Ako je napísané v Hebr 9, 22: „A podľa zákona sa skoro všetko očisťuje krvou a bez vyliatia krvi niet odpustenia," Ježiš zaplatil za hriechy, za ktoré mali zaplatiť hriešnici, Jeho drahocennou krvou a vlastným životom.

1 Jn 4, 9 hovorí o Božej láske, ako je zaznamenané: „A Božia láska k nám sa prejavila v tom, že Boh poslal svojho jednorodeného Syna na svet, aby sme skrze neho mali život." Boh nechal Ježiša preliať Jeho drahocennú krv, aby vykúpil ľudstvo zo všetkých jeho hriechov. Ježiš bol ukrižovaný, ale premohol smrť a tretieho dňa vstal z mŕtvych, lebo bol bezhriešny. Týmto spôsobom sa otvorila cesta našej spásy. Dať jednorodeného Syna nie je také jednoduché, ako sa zdá. Kórejské príslovie hovorí: „Rodičia necítia žiadnu bolesť, ani keby boli ich deti fyzicky vložené do ich očí." Mnohí rodičia majú pocit, že životy ich detí sú dôležitejšie ako ich vlastný život.

Preto, keď nám Boh dal Jeho jednorodeného Syna Ježiša,

ukázal nám najväčšiu lásku. Navyše, Boh pripravil nebeské kráľovstvo pre tých, ktorých získa späť skrze krv Ježiša Krista. Aká je to veľká láska! A predsa, Božia láska sa tu nekončí.

Boh nám dal Ducha Svätého, aby nás viedol do neba

Boh dáva Ducha Svätého ako dar tým, ktorí príjmu Ježiša Krista a získajú odpustenie hriechov. Duch Svätý je Božím srdcom. Od okamihu nanebovstúpenia Pána Boh poslal do našich sŕdc Pomocníka, Ducha Svätého.

Rim 8, 26-27 hovorí: „Tak aj Duch prichádza na pomoc našej slabosti, lebo nevieme ani to, za čo sa máme modliť, ako treba; a sám Duch sa prihovára za nás nevysloviteľnými vzdychmi. A ten, ktorý skúma srdcia, vie, po čom Duch túži: že sa prihovára za svätých, ako sa páči Bohu."

Keď pácháme hriechy, Duch Svätý nás vedie k pokániu stonaním, ktoré je príliš hlboké na to, aby sa dalo vyjadriť slovami. Tým, ktorí majú slabú vieru, dáva vieru; tým, ktorí nemajú nádej, dáva nádej. Rovnako ako matky jemne upokojujú svoje deti a starajú sa o ne, On k nám hovorí Jeho hlasom, aby nás nič nezranilo alebo nám neuškodilo. Týmto spôsobom nám ukazuje srdce Boha, ktorý nás miluje a vedie nás do nebeského kráľovstva.

Ak hlboko chápeme túto lásku, nemôžeme si pomôcť, ale musíme milovať Boha späť. Ak milujeme Boha naším srdcom, On nám dáva späť veľkú a úžasnú lásku, ktorá nás zaplaví. On nám dáva zdravie a žehná všetko, aby sa nám darilo. Robí to preto, že je to zákon duchovnej ríše, ale čo je dôležitejšie, je to, že chce, aby sme cítili Jeho lásku skrze požehnania, ktoré od Neho dostávame. „Ja svojich milovníkov milujem, nachádzajú ma tí, čo ma včas a pilne hľadajú" (Prís 8, 17).

Čo ste cítili, keď ste sa prvýkrát stretli s Bohom a získali uzdravenie alebo riešenie na rôzne problémy? Museli ste cítiť, že Boh miluje aj takého hriešnika, ako ste vy. Verím, že ste zo srdca vyznali: „Ak by sme naplnili oceán atramentom a z neba vyrobili pergamen, aby sme napísali o Božej láske zhora, vysušili by sme oceán." Tiež verím, že ste boli zaplavení láskou Boha, ktorý vám dal večné nebo, kde nie sú žiadne starosti, žiadny smútok, žiadne choroby, žiadne odlúčenie a žiadna smrť.

Nemilovali sme Boha ako prví. Boh najprv prišiel k nám a vystrel k nám ruky. Nemiloval nás preto, že sme si zaslúžili byť milovaní. Boh nás tak veľmi miloval, že dal Jeho jednorodeného Syna za nás, ktorí sme boli hriešnikmi a predurčení zomrieť. Miloval všetkých ľudí a o každého z nás sa stará s väčšou láskou, ako je láska matky, ktorá nikdy nezabudne nakŕmiť svoje dieťa (Iz 49, 15). Čaká na nás, ako keby tisíc rokov bol len jeden deň.

Božia láska je pravá láska, ktorá sa nemení ani s odstupom času. Keď neskôr pôjdeme do neba, onemieme pri pohľade na krásne vence, žiarivé jemné prádlo a nebeské domy postavené zo zlata a drahých kameňov, ktoré pre nás pripravil Boh. On nám dáva odmeny a dary aj počas nášho pozemského života a netrpezlivo čaká na deň, kedy bude s nami v Jeho večnej sláve. Ponorme sa do Jeho veľkej lásky.

Kapitola 2 — *Kristova láska*

Kristova láska

„…a žite v láske tak, ako aj Kristus miluje nás a vydal seba samého Bohu za nás ako dar a obetu ľúbeznej vône!"
Ef 5, 2

Láska má veľkú moc spraviť nemožné možným. Obzvlášť Božia láska a Pánova láska sú skutočne úžasné. Môže zmeniť neschopných ľudí, ktorí nedokážu urobiť nič efektívne, na ľudí schopných vykonať čokoľvek. Keď nevzdelaní rybári, vyberači daní – ktorí boli v tej dobe považovaní za hriešnikov – vdovy, chudobní a zanedbaní ľudia po celom svete, stretli Pána, ich životy sa úplne zmenili. Ich chudoba a choroby boli vyriešené a cítili pravú lásku, akú nikdy predtým necítili. Považovali sa za bezcenných, ale boli znovuzrodení ako slávne nástroje Boha. To je sila lásky.

Ježiš prišiel na túto zem zanechaním všetkej nebeskej slávy

Na počiatku bol Boh Slovo a to Slovo zostúpilo na túto zem v ľudskom tele. Bol to Ježiš, jednorodený Boží Syn. Ježiš zostúpil na túto zem, aby zachránil hriechmi zviazané ľudstvo, ktoré išlo cestou smrti. Meno „Ježiš" znamená „On vyslobodí svoj ľud z hriechov" (Mt 1, 21).

Všetci títo hriechom ušpinení ľudia sa stali rovnakými ako zvieratá (Kaz 3, 18). Ježiš sa narodil v maštali, aby vykúpil tých, ktorí opustili to, na čo boli stvorení a neboli o nič lepší ako zvieratá. Bol uložený v jasliach na kŕmenie zvierat, aby sa stal skutočným pokrmom pre týchto ľudí (Jn 6, 51). Jeho úlohou bolo viesť ľudí k obnoveniu strateného Božieho obrazu a umožniť im vykonávať celú ich povinnosť.

Aj Mt 8, 20 hovorí: „Líšky majú svoje skrýše a nebeské vtáky hniezda, ale Syn človeka nemá kde hlavu skloniť." Ako už bolo povedané, nemal kde spať a v noci musel v zime aj v daždi zostávať pod holým nebom. Mnohokrát bol hladný a smädný. Nebolo to preto, že bol neschopný. Bolo to preto, aby nás vykúpil z chudoby. 2 Kor 8, 9 hovorí: „Veď poznáte milosť nášho Pána Ježiša Krista, že hoci bol bohatý, stal sa pre vás chudobným, aby ste sa vy jeho chudobou obohatili."

Ježiš začal Jeho verejnú službu zázrakom premenenia vody na víno na svadobnej hostine v Káne. Hlásal Božie kráľovstvo a uskutočnil mnoho znamení a zázrakov po celej Judei a Galilei. Mnoho malomocných bolo uzdravených, chromí chodili a vyskakovali, a tí, ktorí boli posadnutí démonmi, boli zachránení z moci temnoty. Dokonca aj človek, ktorý bol už štyri dni mŕtvy a jeho telo už zapáchalo, vyšiel z hrobu živý (Jn 11).

Ježiš uskutočnil takéto úžasné veci počas Jeho pôsobenia na tejto zemi, aby si ľudia uvedomili Božiu lásku. Okrem toho, pretože bol jedno s Bohom a samotným Slovom, úplne dodržiaval zákon, aby bol pre nás dokonalým príkladom. Ale len preto, že dodržiaval celý zákon, neodsudzoval tých, ktorí zákon porušili a boli odsúdení na smrť. Iba učil ľudí pravdu, aby aspoň jedna duša konala pokánie a získala spásu.

Keby sa Ježiš na každého človeka pozeral striktne podľa zákona, nikto by nebol schopný získať spásu. Zákon sú Božie prikázania, ktoré nám hovoria, čo robiť, čo nerobiť, čo odhodiť, a čo dodržiavať. Napríklad, sú tam také príkazy ako „svätiť sobotu;

netúžiť po majetku blížneho; ctiť si rodičov a odvrhnúť všetky formy zla." Konečným cieľom všetkých zákonov je láska. Ak budete dodržiavať všetky prikázania a zákony, budete dodržiavať lásku aspoň navonok.

Ale to, čo Boh od nás chce, nie je len dodržiavanie zákona skutkami. Chce, aby sme dodržiavali zákon s láskou prameniacou z nášho srdca. Ježiš poznal toto Božie srdce veľmi dobre a s láskou naplnil zákon. Jedným z najlepších príkladov je prípad ženy, ktorá bola prichytená pri cudzoložstve (Jn 8). Jedného dňa priviedli zákonníci a farizeji ženu, ktorá bola prichytená pri cudzoložstve, postavili ju do stredu medzi ľudí a spýtali sa Ježiša: „Mojžiš nám v zákone nariadil takéto ženy ukameňovať. Čo povieš ty?" (Jn 8, 5)

Povedali to preto, aby mohli nájsť dôvod Ježišovho obvinenia. Ako sa podľa vás cítila žena v tej chvíli? Musela byť veľmi zahanbená, že jej hriech bol odhalený pred všetkými ľuďmi a musela sa triasť strachom, pretože ju čakala smrť ukameňovaním. Ak by Ježiš povedal: „Ukameňujte ju," jej život by sa skončil v dôsledku rán veľkého množstva hodených kameňov.

Ježiš im však nepovedal, aby ju potrestali podľa zákona. Namiesto toho sa sklonil a začal niečo prstom písať do prachu zeme. Boli to mená hriechov, ktorých sa prítomní ľudia bežne dopúšťali. Po spísaní ich hriechov vstal a povedal: „Kto z vás je bez hriechu, nech prvý hodí do nej kameň" (v 7). Potom sa znova sklonil a začal niečo písať.

Tentoraz písal hriechy každého človeka, ako keby ich videl,

kedy, kde, a ako každý z nich spáchal tieto hriechy. Tí, ktorí mali výčitky svedomia, jeden po druhom z miesta odišli. Nakoniec tam zostali len Ježiš a žena. Nasledujúce verše 10 a 11 hovoria: „Ježiš sa vzpriamil a opýtal sa jej: „Žena, kde sú? Nik ťa neodsúdil?" Ona odpovedala: „Nik, Pane." A Ježiš jej povedal: ‚Ani ja ťa neodsudzujem. Choď a už nehreš!'"

Vari tá žena nevedala, že trestom za cudzoložstvo bola smrť ukameňovaním? Samozrejme, že to vedela. Poznala zákon, ale spáchala hriech, pretože nedokázala prekonať svoju žiadostivosť. Potom, čo bol jej hriech odhalený, iba čakala na smrť, ale keď nečakane zažila Ježišovo odpustenie, ako hlboko musela byť dojatá! Pamätajúc na túto Ježišovu lásku už viac nedokázala páchať hriechy.

Keďže Ježiš Jeho láskou odpustil žene, ktorá porušila zákon, je zákon neplatný, ak milujeme Boha a blížnych? Nie je. Ježiš povedal: „Nemyslite si, že som prišiel zrušiť Zákon alebo Prorokov; neprišiel som ich zrušiť, ale naplniť" (Mt 5, 17).

Božiu vôľu môžeme dodržiavať oveľa dokonalejšie, pretože máme zákon. Ak niekto len hovorí, že miluje Boha, nedokážeme zmerať hĺbku a šírku jeho lásky. Avšak, je možné zistiť mieru jeho lásky, pretože máme zákon. Ak skutočne miluje Boha celým srdcom, určite bude dodržiavať zákon. Pre takého človeka nie je ťažké zákon dodržiavať. Navyše, do akej miery správne dodržiava zákon, do takej miery dostane Božiu lásku a požehnanie.

Ale zákonníci sa v Ježišovej dobe nezaujímali o Božiu lásku obsiahnutú v zákone. Nezameriavali sa na posvätenie ich srdca, ale iba na dodržiavanie formalít. Boli spokojní, a dokonca pyšní na to, že navonok dodržiavali zákon. Mysleli si, že dodržiavali zákon, a tak ihneď súdili a odsúdili tých, ktorí zákon porušili. Keď Ježiš vysvetlil skutočný význam obsiahnutý v zákone a učil o Božom srdci, hovorili, že Ježiš nemal pravdu a bol posadnutý démonmi.

Vzhľadom k tomu, že farizeji nemali lásku, dôkladné dodržiavanie zákona ich dušiam vôbec neprospievalo (1 Kor 13, 1-3). Neodvrhli zlo z ich sŕdc, ale iba vynášali rozsudky a odsudzovali ostatných ľudí, čím sa vzdiaľovali od Boha. Nakoniec spáchali hriech ukrižovania Božieho Syna, ktorý nemohol byť odpustený.

Ježiš až na smrť s poslušnosťou naplnil prozreteľnosť kríža

Ku koncu trojročnej služby, tesne pred začatím Jeho utrpenia, Ježiš vyšiel na Olivovú horu. Keďže noc bola stále hlbšia, Ježiš sa vrúcne modlil, mysliac na ukrižovanie, ktoré Ho čakalo. Jeho modlitba bola výkrikom na záchranu všetkých duší Jeho krvou, ktorá bola úplne nevinná. Bola to modlitba prosby o silu na prekonanie utrpení kríža. Modlil sa veľmi vrúcne; a Jeho pot stekal na zem ako kvapky krvi (Lk 22, 42-44).

V tú noc bol Ježiš zajatý vojakmi a odvedený z tohto miesta na miesto vypočúvania. Nakoniec bol vladárom Pilátom odsúdený na smrť. Predtým, ako bol odvedený na miesto popravy, rímski vojaci mu dali na hlavu tŕňovú korunu, pľuli na Neho a bili Ho

(Mt 27, 28-31).

Jeho telo bolo pokryté krvou. Bol zosmiešňovaný a celú noc bičovaný a s týmto telom kráčal až na Golgotu, nesúc drevený kríž. Nasledoval Ho veľký dav. Kedysi Ho vítali slovami „Hosana", ale teraz sa stali davom kričiacim: „Ukrižuj ho!" Ježišova tvár bola tak veľmi pokrytá krvou, že bol na nerozoznanie. Všetka Jeho sila bola vyčerpaná v dôsledku bolestí spôsobených mučením a bolo pre Neho veľmi ťažké urobiť čo i len jeden krok vpred.

Keď vyšli na Golgotu, Ježiš bol ukrižovaný, aby nás vykúpil z našich hriechov. Vykúpil nás, ktorí sme boli pod kliatbou zákona, ktorý hovorí, že odplatou za hriech je smrť (Rim 6, 23), bol pribitý na drevený kríž a prelial všetku Jeho krv. Tŕňovou korunou na hlave nám odpustil hriechy, ktoré pácháme našimi myšlienkami. Na kríži bol pribitý rukami a nohami preto, aby nám odpustil hriechy, ktoré pácháme našimi rukami a nohami.

Pochabí ľudia, ktorí o tomto nevedeli, posmievali sa Ježišovi, ktorý visel na kríži (Lk 23, 35-37). Ale aj v takej neznesiteľnej bolesti sa Ježiš modlil za odpustenie pre tých, ktorí Ho ukrižovali, ako je zaznamenané v Lk 23, 34: „Otče, odpusť im, lebo nevedia, čo robia."

Ukrižovanie je jedným z najkrutejších spôsobov popravy. Odsúdenec musí trpieť bolesťou dlhšiu dobu ako pri iných trestoch. Ruky a nohy sú pribité klincami a telo sa roztrhá na kusy. Dochádza k vážnej dehydratácii a poruchám krvného obehu. To spôsobuje pomalé zhoršovanie funkcií vnútorných orgánov. Odsúdenec tiež musí trpieť bolesťami spôsobenými hmyzom, ktorý k nemu prichádza v dôsledku pachu krvi.

O čom podľa vás premýšľal Ježiš, keď visel na kríži? Nebola to neznesiteľná bolesť Jeho tela. Ale namiesto toho, premýšľal nad tým, prečo Boh stvoril človeka, nad významom kultivácie ľudstva na tejto zemi, a nad tým, prečo musel obetovať sám seba ako zmiernu obetu za hriech človeka a ponúkol srdcervúce modlitby vďakyvzdania.

Po šiestich hodinách bolestí na kríži Ježiš povedal: „Žíznim" (Jn 19, 28). Bol to duchovný smäd, čo je smäd po získaní duší, ktoré idú cestou smrti. Premýšľajúc nad nespočetnými dušami, ktoré budú žiť na tejto zemi v budúcnosti, týmto nás prosil, aby sme doručili posolstvo kríža a zachránili tieto duše.

Ježiš nakoniec povedal: „Je dokonané!" (Jn 19, 30), a potom naposledy vydýchol, keď povedal: „Otče, do tvojich rúk porúčam svojho ducha" (Lk 23, 46). Svojho ducha poručil do rúk Boha, lebo splnil Jeho povinnosť otvoriť cestu spásy pre celé ľudstvo tým, že sám sa stal zmiernou obetou. Bol to okamih uskutočnenia skutku najväčšej lásky.

Vtedy bol zničený múr hriechu, ktorý stojí medzi Bohom a nami, a my sme mohli začať komunikovať s Bohom priamo. Predtým musel veľkňaz v mene ľudu ponúknuť obetu za odpustenie hriechov, ale už to tak nie je. Každý, kto verí v Ježiša Krista, môže prísť do svätej svätyne Boha a priamo Boha uctievať.

Ježiš s láskou pripravuje nebeské príbytky

Predtým, ako Ježiš na seba vzal kríž, svojim učeníkom povedal o veciach, ktoré prídu. Povedal im, že bude musieť niesť kríž, aby naplnil prozreteľnosť Boha Otca, ale učeníci mali obavy. Vtedy im povedal o nebeských príbytkoch, aby ich upokojil.

Jn 14, 1-3 hovorí: „Nech sa vám srdce nestrachuje! Veríte v Boha, verte aj vo mňa. V dome môjho Otca je mnoho príbytkov. Keby to tak nebolo, bol by som vám povedal, že vám idem pripraviť miesto?! Keď odídem a pripravím vám miesto, zasa prídem a vezmem vás k sebe, aby ste aj vy boli tam, kde som ja." V skutočnosti premohol smrť a vstal z mŕtvych, vystúpil na nebesia pred očami mnohých ľudí. Bolo to preto, aby pre nás mohol pripraviť nebeské príbytky. Ale čo znamená „idem vám pripraviť miesto?"

1 Jn 2, 2 hovorí: „On je zmiernou obetou za naše hriechy; a nielen za naše, ale aj za hriechy celého sveta." Ako už bolo povedané, znamená to, že každý môže vierou dosiahnuť nebo, pretože Ježiš zničil múr hriechu medzi Bohom a nami.

Ježiš tiež povedal: „V dome môjho Otca je mnoho príbytkov," a to nám hovorí, že chce, aby boli spasení všetci ľudia. Nepovedal, že „v nebi" je mnoho príbytkov, ale „v dome môjho Otca", pretože vďaka drahocennej Ježišovej krvi môžeme k Bohu volať „Abba, Otče."

Pán sa za nás neustále prihovára. Horlivo sa modlí pred Božím trónom bez jedla alebo pitia (Mt 26, 29). Modlí sa, aby sme zvíťazili v kultivácii ľudstva na tejto zemi a zjavili Božiu slávu tým, že sa našim dušiam bude dariť.

Navyše, keď po skončení kultivácie ľudstva nastane rozsudok veľkého bieleho trónu, On bude aj naďalej pracovať pre naše dobro. V deň súdu každý z nás dostane rozsudok bez najmenšej chyby za všetko, čo urobil. Ale Pán bude obhajcom Božích detí a bude prosiť: „Zmyl som ich hriechy mojou krvou, aby mohli získať lepší príbytok a odmeny v nebi." Pretože On zostúpil na túto zem a na vlastnej koži zažil všetko, čím prechádzajú ľudia, bude ich obhajcom. Ako by sme mohli plne pochopiť túto Kristovu lásku?

Boh nám ukázal Jeho lásku prostredníctvom Jeho jednorodeného Syna Ježiša Krista. Táto láska je láska, s ktorou Ježiš neváhal za nás preliať krv do poslednej kvapky. Je to bezpodmienečná a nemenná láska, s ktorou nám On odpustí sedemdesiatkrát sedem ráz. Kto nás môže oddeliť od tejto lásky?
V Rim 8, 38-39 apoštol Pavol vyhlásil: „A som si istý, že ani smrť ani život, ani anjeli, ani kniežatstvá, ani prítomnosť, ani budúcnosť, ani mocnosti, ani výška, ani hĺbka, ani nijaké iné stvorenie nás nebude môcť odlúčiť od Božej lásky, ktorá je v Kristovi Ježišovi, našom Pánovi."

Apoštol Pavol si uvedomil túto Božiu a Kristovu lásku a úplne sa vzdal vlastného života, aby sa podriadil Božej vôli a žil ako apoštol. Navyše, Boh nešetril jeho životom v evanjelizovaní pohanov. Pavol konal podľa Božej lásky, ktorá viedla nespočetné duše na cestu spásy.

Aj keď bol Pavol nazývaný „vodcom nazaretskej sekty", zasvätil celý svoj život kázaniu. Do celého sveta rozšíril zvesť o Božej a Kristovej láske, ktorá je širšia a hlbšia ako akákoľvek miera. V Pánovom mene sa modlím, aby ste sa stali pravými Božími deťmi, ktoré s láskou naplnia zákon a naveky budú prebývať v najkrajšom nebeského príbytku, Novom Jeruzaleme, deliac sa spoločne o Božiu a Kristovu lásku.

Autor:
Dr. Jaerock Lee

Dr Jaerock Lee sa narodil v roku 1943 v Muane v Jeonnamskej provincii v Kórejskej republike. V jeho dvadsiatich rokoch sedem rokov trpel mnohými nevyliečiteľnými chorobami a bez nádeje na uzdravenie čakal na smrť. Jedného dňa, na jar v roku 1974, ho sestra vzala do kostola, a keď pokľakol k modlitbe, živý Boh ho ihneď uzdravil zo všetkých chorôb.

Odkedy Dr Lee stretol živého Boha prostredníctvom tejto úžasnej skúsenosti, celým srdcom úprimne miluje Boha. V roku 1978 bol povolaný, aby sa stal Božím služobníkom. Vrúcne sa modlil, aby mohol jasne pochopiť Božiu vôľu, úplne ju splniť a dodržiavať celé Božie slovo. V roku 1982 založil Manminskú centrálnu cirkev v Soule v Kórei. V jeho cirkvi sa uskutočňuje nespočetné množstvo Božích skutkov, vrátane zázračných uzdravení a zázrakov.

V roku 1986 bol Dr Lee vysvätený za pastora na výročnom zhromaždení Ježišovej Sungkyulskej cirkvi v Kórei a o štyri roky neskôr, v roku 1990, začali vysielať jeho kázne v Austrálii, v Rusku, na Filipínach a v mnohých ďalších krajinách prostredníctvom rozhlasových staníc Far East Broadcasting Company, Asia Broadcast Station a Washington Christian Radio System.

O tri roky neskôr, v roku 1993, bola Manminská centrálna cirkev vybraná kresťanským časopisom Christian World (USA) za jednu z „50 najlepších svetových cirkví" a z univerzity Christian Faith College na Floride v USA dostal Dr. Lee čestný doktorát bohoslovia. V roku 1996 na teologickom seminári Kingsway Theological Seminary in Iowa v USA dosiahol PhD. v službe.

Od roku 1993 Dr Lee vedie svetovú evanjelizáciu prostredníctvom mnohých zahraničných výprav do Tanzánie, Argentíny, Baltimore City, Los Angeles, na Hawaj, do New Yorku v USA, Ugandy, Japonska, Pakistanu, Kene, na Filipíny, Hondurasu, do Indie, Ruska, Nemecka, Peru, Demokratickej republiky Kongo, Izraela a do Estónska.

V roku 2002 bol hlavnými kresťanskými novinami Christian newspapers v Kórei nazvaný „celosvetovým pastorom" kvôli jeho práci na rôznych zámorských výpravách. Zvlášť jeho výprava do New Yorku v roku 2006, ktorá sa konala na námestí Madison Square Garden, najväčšej svetoznámej aréne, bola vysielaná 220 národom, a jeho výprava do Izraela v roku 2009, ktorá sa konala v Medzinárodnom kongresovom centre (ICC) v Jeruzaleme, kedy smelo vyhlásil, že Ježiš Kristus je Mesiáš a Spasiteľ.

Jeho kázne sú vysielané do 176 krajín pomocou satelitov, vrátane GCN TV. V roku 2009 a 2010 bol populárnym ruským kresťanským časopisom In Victory a spravodajskou agentúrou Christian Telegraph zaradený medzi „desiatich najvplyvnejších kresťanských vodcov" pre jeho presvedčujúcu cirkevnú službu prostedníctvom televízneho vysielania a jeho cirkevné pôsobenie v zahraničí.

Od júla 2013 má Manminská centrálna cirkev kongregáciu s viac ako 120 000 členmi. Má 10 000 filiálok po celom svete, vrátane 56 domácich filiálok a viac ako 125 misionárov bolo poslaných do 23 krajín, vrátane Spojených štátov amerických, Ruska, Nemecka, Kanady, Japonska, Číny, Francúzska, Indie, Kene a mnoho ďalších krajín.

K dátumu tohto uverejnenia je Dr. Lee autorom 87 kníh, vrátane bestsellerov Ochutnať večný život pred smrťou, Môj život Moja Viera I & II, Posolstvo kríža, Miera viery, Nebo I & II, Peklo, Prebuď sa, Izrael! a Božia moc. Jeho diela sú preložené do viac ako 75 jazykov.

Jeho kresťanský stĺpec je vydávaný v časopisoch The Hankook Ilbo, The JoongAng Daily, The Chosun Ilbo, The Dong-A Ilbo, The Munhwa Ilbo, The Seoul Shinmun, The Kyunghyang Shinmun, The Korea Economic Daily, The Korea Herald, The Shisa News a The Christian Press.

Dr Lee je v súčasnej dobe vedúcou osobnosťou mnohých misijných organizácií a združení: Pozície, ktoré zastáva sú: predseda spoločnosti The United Holiness Church of Jesus Christ; prezident spoločnosti Manmin World Mission; permanentný prezident spoločnosti The World Christianity Revival Mission Association; zakladateľ & predseda komisie spoločnosti Global Christian Network (GCN); zakladateľ & predseda komisie spoločnosti World Christian Doctors Network (WCDN); a zakladateľ & predseda komisie spoločnosti Manmin International Seminary (MIS).

Ďalšie silné knihy od rovnakého autora

Nebo I & II

Podrobný nákres nádherného životného prostredia, z ktorého sa tešia nebeskí príslušníci a krásny popis rôznych úrovní nebeského kráľovstva.

Posolstvo kríža

Úžasné posolstvo prebudenia pre všetkých ľudí, ktorí sú duchovne spiaci! V tejto knihe nájdete dôvod, prečo je Ježiš jediný Spasiteľ a naozajstnú lásku Boha.

Peklo

Úprimné posolstvo Boha celému ľudstvu, ktorý chce, aby ani jedna duša nepadla do hlbín pekla! Objavíte nikdy predtým neodhalený opis krutej reality Dolného podsvetia a pekla.

Duch, Duša a Telo I & II

Sprievodca, ktorý nám dáva duchovné porozumenie ducha, duše a tela a pomáha nám zistiť druh nášho „ja", aby sme mohli získať moc poraziť temnotu a stať sa duchovným človekom.

Miera Viery

Čo je to za príbytok, vence a odmeny, ktoré sú pre vás pripravené v nebi? Táto kniha poskytuje múdre pokyny pre vás o tom, ako merať vieru a dosiahnuť tú najlepšiu a najzrelšiu vieru.

Prebuď sa, Izrael

Prečo Boh dohliadal na Izrael od začiatku sveta až dodnes? Aká Božia prozreteľnosť bola pripravená na posledné dni pre Izrael, ktorý čaká na Mesiáša?

Môj Život Moja Viera I & II

Najvoňavejšia duchovná vôňa získaná zo života, ktorý kvitol s neporovnateľnou láskou k Bohu, uprostred temných vĺn, studeného jarma a najhlbšieho zúfalstva.

Božia moc

Musíte si prečítať túto knihu, ktorá slúži ako základný sprievodca na získanie pravej viery a okúsenie úžasnej Božej moci.

www.urimbooks.com

www.ingramcontent.com/pod-product-compliance
Lightning Source LLC
LaVergne TN
LVHW021814060526
838201LV00058B/3379